Die Entstehung eines Romanautors

– ein Experiment in der Autobiographie

David Christie Murray

Writat

Diese Ausgabe erschien im Jahr 2023

ISBN: 9789359258812

Herausgegeben von
Writat
E-Mail: info@writat.com

Inhalt

VORWORT

Jeder Mann, der über sich selbst schreibt, ist auf den ersten Blick abstoßend gegenüber dem Misstrauen, das den täglichen Weg der Langeweile heimsucht. Von sich selbst zu sprechen und nicht beleidigend zu sein, erfordert eine Kunst, die dem Menschen nicht immer gegeben ist. Und doch sehnen wir uns immer danach, einander nahe zu kommen und einander zu verstehen; und in Ermangelung einer engeren Gemeinschaft mit unseren lebenden Mitmenschen nehmen wir die Schatten der Fiktion und der Bühne in unsere Brust. Wenn uns der wahre Mann von irgendeinem Autor seiner eigenen Geschichte vorgestellt werden könnte , würden wir ihn alle mit Begeisterung begrüßen.

Pepys kam natürlich näher als alle anderen; aber das liegt nur daran, dass er für seine eigene Lektüre schrieb und sich selbst geheim halten wollte. Dickens verschleiert und enthüllt in „*Copperfield*" auf exquisite Weise seine eigene Persönlichkeit und Karriere , und zahlreiche kleinere Autoren haben zu unserem großen Vergnügen dasselbe in der Belletristik getan. Aber die Dinge, die man selbst tut, sagt und denkt, kühn, offen und als Tatsache zur allgemeinen Veröffentlichung niederzulegen, ist eine Unverschämtheit, deren einzige Rechtfertigung in der öffentlichen Zustimmung zu finden ist. Hätte Pepys sein Tagebuch zur Veröffentlichung geschrieben, wäre er als Trottel in Vergessenheit geraten. Aber wir überraschen das Geheimnis des Mannes, wir sehen, was er uns nie zeigen wollte, der Spähinstinkt der Dohle ist befriedigt; und wir empfinden außerdem ein gewisses Gefühl humorvollen Mitleids und liebevoller Verachtung, das der Mann selbst, wenn wir ihn im Leben so gekannt hätten, wie wir ihn in seinem Buch kennen, niemals hätte hervorrufen können. Für mich ist Rousseau absolut unerträglich, weil er der Welt sagen wollte, was jeder Mann anständig verbergen sollte.

Die perfekte Autobiografie muss noch gesucht werden und wird wahrscheinlich nie geschrieben. Eine Teillösung einer Schwierigkeit wird in diesem Experimentierheft angeboten. Es wird ohne Scheu angeboten, weil es in vollkommener Bescheidenheit angeboten wird. Ich habe versucht zu zeigen, wie ein bestimmter Romanautor geschaffen wurde; wo er einige seiner Erfahrungen sammelte und auf welch unterschiedliche Weise die Welt und das Schicksal versuchten, ihm sein Geschäft beizubringen. Es war mein Bemühen, dies auf die am wenigsten egoistische und unkomplizierteste Weise zu tun. Die Erzählung ist recht informell und wandert, wohin sie will; aber in seiner fortlaufenden Veröffentlichung fand es bei einem nachsichtigen Publikum großen Anklang , und ich möchte ihm die gleiche Chance auf Dauerhaftigkeit geben wie den Rest meiner Schriften, von denen ich sicher bin, dass sie nicht den Eindruck erwecken, dass ich eine allzu übertriebene Langlebigkeit begehre. Sollte die öffentliche Gunst anhalten, ist das Erfahrungsfeld breit; und ich möchte vielleicht den Ausspruch von Dick Swiveller zu Mr. Quilp wiederholen : „In dem Laden, aus dem das kommt, gibt es noch viel mehr.“

ICH

Erst vor ein oder zwei Tagen wurde ich auf meinem Weg nach Osten entlang des Strandes von der Hand eines Freundes auf meiner Schulter festgenommen. Wir unterhielten uns ein oder zwei Minuten und ich stellte fest, dass ich vor Lipscombes Fenster stand. Eine Korkkugel, die viele Jahre lang ein unruhiges Leben hinter sich hatte, glitt, von einem Wasserstrahl umhergeschleudert, an den Rändern eines Glasschirms auf und ab. Der Anblick versetzte mich blitzschnell zwanzig Jahre zurück. „Im Jahr 1872 kam ich nach London, wie viele junge Männer vor mir, ohne Geld, ohne Freunde und ohne Arbeit, und vertraute mit der unbekümmerten Art der Jugend dem Kapitel der Unfälle." Eine Zeit lang verliefen die Zufälle alle ungünstig, und es kam ein Morgen, an dem ich nichts auf der Welt besaß außer den Kleidern, in denen ich stand. Ich war an diesem Morgen sehr müde, sehr hungrig, sehr niedergeschlagen und starrte auf die Korkkugel auf dem Wasserstrahl unter dem Glasschirm und verglich ihn trostlos mit meinem eigenen Geisteszustand, hin und her geschleudert, durchnässt, umgedreht, gehoben und fallen gelassen von einer Laune, die sich der Widerstandskraft entzog. In diesem traurigen Moment fand ich meinen ersten Freund in London. Die Geschichte dieses Ereignisses soll im Folgenden erzählt werden. Was ich jetzt sagen möchte, ist, dass der Anblick dieser permanenten Ausstellung in Lipscombes Fenster mich für eine Minute um zwanzig Jahre jünger machte und meinen Geist für einen solchen Ansturm von Erinnerungen öffnete, dass ich mich sofort entschloss, meine Erinnerungen aufzugreifen Papier.

Ich bin kein solcher Egoist, dass ich annehme, meine Erfahrungen seien völlig einzigartig; aber ich weiß, dass sie neugierig und an manchen Stellen überraschend sind. Abenteuer sind, wie Herr Disraeli vor vielen Jahren sagte, etwas für Abenteuerlustige, und auf eine kleine Art und Weise habe ich genug gesucht und gefunden, um das Leben von tausend Hausbewohnern zu finanzieren. Auf den ersten Blick scheint es für den Außenstehenden nicht so zu sein, dass das literarische Leben fruchtbar in Abenteuern sein wird; Aber in meinem Bekanntenkreis gibt es viele Männer, die das so gefunden haben.

In der Stadt Prag sind die erstaunlichsten Begegnungen alltägliche Begebenheiten. In diesen Tagen der allgemeinen Aufklärung muss niemandem gesagt werden, dass Prag die Hauptstadt Böhmens ist. Es gibt eine Notiz, die im Namen dieses glücklichen Landes jetzt falsch klingt. Seine Traditionen wurden von Menschen vulgarisiert , die nie seine Grenzen überschritten haben. Alle Arten von Scharlatanen haben seine Geschichte mit unwürdigem Missbrauch befleckt, und selbst das Zentrum und die Zitadelle seiner Hauptstadt wirken, als wäre sie aus Lebkuchen gebaut.

Tatsächlich ist der Ort selbst so real wie eh und je, auch wenn die Einwohnerzahl spärlicher ist als früher und die gelegentlichen prominenten Gäste weniger. Ich lebe seit einem Vierteljahrhundert darin und kann ohne Eitelkeit behaupten, es so gut zu kennen wie jeder andere lebende Mensch.

Vor acht oder zehn Jahren saß ich im Savage Club in Gesellschaft von vier angesehenen Literaten. Einer war Herausgeber einer Londoner Tageszeitung und sprach meiner Meinung nach etwas zu bescheiden über seine eigene Karriere.

„Ich glaube nicht", sagte er, „dass irgendein Mann in meiner jetzigen Position in London die Entbehrungen erlebt hat, die ich kannte, als ich hierherkam." Vor zwanzig Jahren habe ich drei Tage lang gehungert und drei Nächte lang im Park geschlafen .

Einer aus der Gruppe drehte sich zu mir um. „Hast du die Obergrenze, Christie?"

Ich antwortete: „Vier Nächte auf dem Embankment." Vier Tage hungrig.'

Mein linker Nachbar war ein Dichter, und er mischte sich lakonisch ein: „Fünf."

Tatsächlich bewies es, dass es niemanden von uns gab, der nicht in diesem Hotel des schönen Sterns geschlafen hätte, das immer für jedermann geöffnet ist. Wir waren dort alle häufige Gäste gewesen, und jetzt waren wir alle wohlhabend und hatten eine andere und bequemere Unterkunft gefunden. Unter den Männern, die sich in dieser großen Karawanserei niedergelassen haben, gibt es eine sanftere Bruderschaft, als man anderswo suchen kann. Er scherzt über Narben, die nie eine Wunde hinterlassen haben, und ein Mitgefühl macht uns wunderbar freundlich.

Es gibt noch viele Menschen, die sich an den Namen George Dawson erinnern. Früher gab es Tausende, die es mit Verehrung und Zuneigung erkannten. Er war mein erster Chef, Herausgeber der *Birmingham Morning News* und seit Jahren mein Idol. Meine wichtigsten Abende waren, als er in meine Heimatstadt West Bromwich kam, um dort für die Young Men's Christian Association einen Vortrag über Tennyson, „Vanity Fair", Oliver Goldsmith und verwandte Themen zu halten.

Jeden Sonntagabend war es meine Gewohnheit, mit einem meiner vor langer Zeit verstorbenen Freunde nach Birmingham zu stapfen, um Dawson in der Erlöserkirche predigen zu hören . Die Züge fuhren für uns umständlich, und viele Male gingen der arme Ned und ich bei Regen, Schnee und Sommerwetter die fünf Meilen hinaus und fünf Meilen nach Hause, um den hilfreichen und inspirierenden Worten des stärksten und hilfsbereitesten Mannes zu lauschen, den ich je hatte bekannt.

Ich bin mir zu dieser Tageszeit nicht sicher, was ich von George Dawson halten soll, wenn er noch überlebt. Aber nichts kann jetzt die Zuneigung und Ehrfurcht schmälern, mit denen ich sein Andenken segne. Ich hatte ein oder zwei Jahre lang Prosa und Verse für die örtlichen Zeitschriften geschrieben. Ich war unaussprechlich stolz und erfreut, dass ich die politischen Führer für den *Wednesday Advertiser* schreiben durfte . Ich bekam kein Gehalt, und ich wage zu behaupten, dass der Redakteur genauso erfreut war, einen Enthusiasten zu finden, der seine Arbeit umsonst machte, wie ich es tun durfte. Im praktischen Journalismus hatte ich keinerlei Erfahrung; Aber als Dawson als Herausgeber der kommenden *Birmingham Morning News bekannt gegeben wurde* , schrieb ich ihm und bat darum, dem Team beitreten zu dürfen. Ich hatte bereits vor einem Jahr ein einziges Treffen mit ihm vereinbart, und er hatte nicht unfreundlich über einige jugendliche Verse gesprochen, die ich gewagt hatte, seinem Urteil zu unterwerfen

Er erwies sich als ebenso bewandert im praktischen Journalismus wie ich, denn als Antwort auf meine Bewerbung bot er mir sofort die Stelle eines Redakteurs an. Dr. Langford, der eigentlich das Kommando innehatte, legte sein Veto gegen diese ziemlich absurde Ernennung ein und sagte mir, wenn ich überhaupt der Journalistenzunft beitreten wollte, müsse ich ganz am Anfang beginnen. Ich fragte, wie der Anfang aussehen könnte, und erfuhr, dass die unterste Besoldungsgruppe im Journalismus in der Provinz mit dem Polizei- und Gerichtsreporter besetzt ist. Das angebotene Gehalt betrug 25 s. eine Woche. Die Arbeiten begannen um elf Uhr morgens und endeten gegen elf Uhr abends. Seitdem habe ich viele schlaflose Nächte erlebt; Aber die erste völlig wache Zeit, die ich zwischen den Laken verbrachte, verbrachte ich mit der mentalen Diskussion dieses Angebots. Zu Hause gab es Weinen, Jammern und Zähneknirschen, als ich mich entschied, es anzunehmen. Die Führung der Zeitschrift war sehr locker – ein Leiter der Birmingham Daily Post sprach einmal von uns als den Leuten auf der anderen Straßenseite, die Journalismus spielten – und dem Juniorreporter wurde erlaubt, Leitartikel, Theaterkritiken und eine Reihe von Artikeln darüber zu schreiben Werke von Thomas Carlyle, die dann erstmals in populärer Form in einer monatlichen Ausgabe erschienen.

Ich habe immer behauptet und muss immer daran glauben, dass es für einen Romanautor keine Schule gibt, die mit der des Journalismus mithalten kann. Im Polizeigericht, bei gerichtlichen Ermittlungen in den kleinen oberen Räumen von Kneipen der zehnten Klasse und in den Krankenhäusern, die ich jeden Abend aufsuchen musste, begann ich, die Armen kennenzulernen und zu verstehen. Ich begann auf eigene Faust, ihren Zustand zu untersuchen, und wurde aufgrund von ein oder zwei Artikeln über die Slums von Birmingham sprunghaft vom Posten eines Polizei- und Gerichtsreporters zum Sonderkorrespondenten befördert. Sechs Guineen pro Woche und eine Guinee pro Tag für Spesen sahen wie ein Einstieg ins Eldorado aus. Unter den Mitarbeitern herrschte viel Sodbrennen und Eifersucht; aber ich wage zu behaupten, dass das alles längst vergessen ist.

Die erste wirkliche Chance, die ich bekam, bot sich mir bei der ersten Wahl, die in England stattfand. Dies war in Pontefract , wo der Hon. Hugh Childers wurde in einem Wahlkampf gegen Lord Pollington gewählt . Irgendein Rechtsanwalt hatte eine Zusammenfassung des Wahlgesetzes veröffentlicht, die ich für einen Schilling an der New Street Station kaufte und auf dem ganzen Weg nach Pontefract studierte . Ich schickte fünf Exemplare mit der Bahn rechtzeitig los, um die Morgenausgabe des Stimmzettelgesetzes zu sehen und erhielt bei meiner Rückkehr das erste offene Zeichen der redaktionellen Gunst in Form eines Schecks über zehn Pfund zusätzlich zu meinen Gebühren. Das Geld war willkommen; Aber dass es aus den Händen meines Helden und Mannes der Menschen kam und von Worten uneingeschränkter Zustimmung begleitet wurde, war meiner Meinung nach inspirierender, als alles andere jetzt für mich sein könnte. Kurze Zeit später kam Dawson mit einem neuen Auftrag zu mir.

„Ich hasse diese Art von Geschäft", sagte er, „aber es muss getan werden, und wir werden es ein für alle Mal tun."

In Worcester sollte eine Hinrichtung stattfinden. Ich glaube, ein gewisser Edward Hughes, ein Stuckateur, hatte seine Frau unter Umständen außergewöhnlicher Provokation ermordet. Die Frau hatte ihn einmal bei einer Geliebten verlassen, und als sie verlassen war , hatte er sie wieder zurückgenommen. Sie verließ ihn ein zweites Mal und wurde erneut verlassen, und erneut duldete er ihr Vergehen. Sie verließ ihn ein drittes Mal und er machte sich auf die Suche nach ihr. Sie lebte in Clover und spottete, als er sie anflehte, zurückzukehren. Als Beweis wurde dargelegt, dass er ihr gesagt hatte, dass er sie noch einmal sehen würde. Er ging nach Hause – eine Strecke von drei oder vier Meilen –, lieh sich ein Rasiermesser, kehrte in das Haus zurück, in dem die Frau lebte, bat draußen in der Dunkelheit um ein Interview und trennte ihr dort fast den Kopf vom Körper. Er stellte sich sofort der Polizei, wurde um sein Leben angeklagt und zum Erhängen verurteilt.

Ob zu Recht oder zu Unrecht, die Geschichte des Mannes löste in mir schreckliches Mitgefühl aus. Ich kann mir bis zum heutigen Tag nicht helfen zu denken, dass die Tragödie im Leben dieses Mannes nicht gewürdigt wurde und dass seine langmütige Hingabe und die Leidenschaft der Eifersucht, die ihn schließlich überwältigte, Shakespeare selbst ein so schreckliches Thema geliefert haben könnten, wie er es in „Othello" fand .' Wie auch immer, der Mann sollte gehängt werden und ich wurde abgeordnet, der Hinrichtung beizuwohnen.

Zu diesem Zeitpunkt war ich noch nie Zeuge an einem Todesort gewesen. Seitdem habe ich gesehen, wie Tausende eilig aus dem Leben gerissen wurden; und obwohl ich selbst jetzt eine Hinrichtung hässlich und abstoßend finden würde, erinnere ich mich mit einiger Verwunderung an die schreckliche Qual, die mir dieser Auftrag gekostet hat. Ich wurde dem Untersheriff und dem Gouverneur des Gefängnisses vorgestellt ; und ich präsentierte diese im Gefängnis selbst in einer Nacht regnerischen Elends, was völlig mit meinen eigenen Gefühlen übereinstimmte. Ich hoffte von ganzem Herzen, dass mir die Erlaubnis zur Teilnahme an der schrecklichen Zeremonie am nächsten Morgen verweigert würde. Dem wurde zugestimmt, und ich verließ das Gefängnis in einem üblen Wirbel aus Mitleid und Entsetzen.

Ich werde mich an meinen letzten Blick auf das düstere Gebäude erinnern, solange ich mich an irgendetwas erinnern kann, von den Feldern aus, die zwischen ihm und der Stadt liegen. Die fliegende Nachhut des letzten Sturms raste über den Himmel, die Felder waren durchnässt , und hier und da lagen Regenpfützen , die den matten, stählernen Farbton des Himmels widerspiegelten. Ein einzelnes Licht brannte rot und unheilvoll in einem Fenster, und direkt über der schwarzen Masse des Gefängnisses strahlte ein Stern. Es erschien mir wie ein Versprechen der Gnade, und ich kehrte voller Gedanken in mein Hotel zurück, die kaum einer Übersetzung standhalten würden.

Am nächsten Tag hatte ich eine erste Lektion in ein oder zwei Dingen. Ich sah den Tod zum ersten Mal; Zum ersten Mal in meinem Leben sah ich ein menschliches Geschöpf in extremer Angst, und ich erhielt meine erste Lektion in menschlicher Dummheit. Ich habe die Geschichte dieser Hinrichtung an anderer Stelle erzählt und habe keine Lust, sie hier zu wiederholen. Aber ich werde nie die spinnenartigen, schwarz gestrichenen Galerien und Treppen und die weiß getünchten Wände des Korridors vergessen. Ich werde den lebenden Mann nie vergessen, der zitternd und fast bewusstlos in der Kluft der Feigheit und des Grauens stand. Ich werde nie das Gesicht des elenden jungen Geistlichen vergessen, der wie ich zum ersten Mal mit einem plötzlichen Tod konfrontiert wurde und der sich, die arme Seele, mit Aufputschmitteln überdosiert hatte. Ich werde auch nie diesen Ghul von Calcraft vergessen , mit seinen verrufenen grauen Haaren, seinem verrufenen schwarzen Leichenbestatteranzug und einer Million schmutziger Nadelstiche, die jede Pore seiner Gesichtshaut zeichneten. Calcraft nahm das Geschäft sachlich und fesselte seinen Mann in der Zelle (während ein halbes Dutzend von uns voller Angst zusah) allem Anschein nach so ruhig, als wäre er ein Schneider gewesen, der einen Mantel anfertigte.

Der Kaplan las mit dicker und undeutlicher Stimme den Bestattungsgottesdienst oder den für diese Anlässe reservierten Teil davon vor. Ungefähr alle halbe Minute läutete eine Glocke, und es kam mir vor, als hätte sie schon immer geläutet und würde immer läuten. Ich habe die düsterste Ahnung – um die Wahrheit zu sagen, ich habe überhaupt keine Ahnung –, wie sich die Prozession gebildet hat und wie wir uns am Fuße des Galgens befanden. Der dem Untergang geweihte Mann murmelte in galoppierender Geschwindigkeit ein Gebet vor sich hin, die Worte überschlugen sich. „Herr Jesus, erbarme dich meiner und empfange meinen Geist." Der unglückliche Kaplan las den Gottesdienst. Calcraft eilte voran. Die Glocke dröhnte. Hughes kam zum Fuß des Galgens, und ich zählte mechanisch neunzehn schwarze Stufen, frisch geteert und klebrig. „Ich kann nicht aufstehen", sagte der Mörder. Ein freundlicher Aufseher klopfte ihm auf die Schulter, als wäre in der Sache kein Unfug gewesen. Dem Aussehen und dem Akzent nach zu urteilen, könnte der eine Mann den anderen eingeladen haben, die Treppe eines Restaurants hinaufzusteigen. „Du wirst gleich aufstehen", sagte der Wärter. Er stand auf und sie hängten ihn.

Wo alles seltsam und traumhaft war, war das Seltsamste von allem, Calcraft zu sehen , wie er die gefesselte, flossenartige Hand des Gefangenen ergriff und sie schüttelte, nachdem er die weiße Mütze über das Gesicht gezogen und das Seil angeordnet hatte. Er kam knarrend in neuen Stiefeln die klebrigen Stufen des Galgens hinunter, zog an einem Seil, um eine Stütze freizumachen, die auf einem einzelnen Rad in einer eisernen Rille lief, und in einer Sekunde war der Mann tot. Die weiße Mütze schmiegte sich eng an sein Gesicht, und das dünne weiße Leinen nahm für einen Moment einen violetten Fleck an, als ob eine Tüte Brombeeren zerdrückt worden wäre und plötzlich der Saft der Frucht ausgetreten wäre. Einen Moment später sackte es ab und nahm seinen natürlichen Farbton an.

Aus der Abendzeitung und aus den Tagebüchern vom nächsten Morgen erfuhr ich, dass der Gefangene seinem Schicksal mit Gleichmut begegnete. Ich denke, dass ich in diesem Bericht die Tiefen der menschlichen Dummheit erkundet habe, sofern so etwas überhaupt möglich ist. Ich hatte noch nie zuvor einen Mann gesehen, der Angst hatte; und als ich Zeit fand, darüber nachzudenken, betete ich, dass ich diesen beschämenden und schrecklichen Anblick nie wieder sehen würde.

II

Ich schrieb drei Kolumnen in kleiner Schrift – drei Kolumnen bleihaltiger Diener – über diese Hinrichtung und beschrieb alles, was ich gesehen hatte, mit sorgfältiger Genauigkeit. Dawson war wegen der ganzen Angelegenheit nervös und fragte, während die Kopie noch in den Händen des Druckers war, zwei- oder dreimal, was mit dem Thema gemacht worden sei. Er wurde vom Redakteur in Schach gehalten, der eine Sensation witterte und befürchtete, der Chefredakteur könnte die Kopie in Stücke schneiden. Dawson ließ absichtlich so lange auf Beweise warten, dass er schließlich nach Hause ging, ohne sie gesehen zu haben; und er erzählte mir später oft von der Wut und dem Kummer, die er verspürte, als er an seinem Frühstückstisch die Zeitung aufschlug und den großen Platz vorfand, der dem Bericht über eine Hinrichtung gewidmet war. Er begann, wie er mir sagte, damit, zuerst den letzten Absatz zu lesen; dann las er den Absatz davor; und als nächstes sah er sich, entschlossen von vorne beginnend, gezwungen, die ganze grässliche Erzählung vollständig durchzulesen. Die Maschine war den ganzen Tag im Einsatz, um die örtliche Nachfrage nach diesem besonderen Horror zu befriedigen, und Herr George Augustus Sala schrieb speziell, um zu fragen, wer der Autor der Erzählung sei. Ich begann zu glauben, mein Vermögen gemacht zu haben.

Der Journalist ist wie der Arzt, seine Dienste werden vor allem in schwierigen Zeiten benötigt. Das Black Country, das nördlich von Birmingham liegt, ist voller Katastrophen, und der Sonderkorrespondent hat dort ein großes Feld. Ziemlich früh in meiner Karriere wurde ich nach Pelsall Hall in der Nähe von Walsall geschickt, wo eine Mine überflutet worden war und sich bekanntermaßen zweiunddreißig Männer im Bergbau befanden. Ich bin im Bergbaubezirk geboren und aufgewachsen und kannte den Heldenmut der Bergleute. Sie sind nicht alle Helden, und selbst diejenigen, die es sind, sind nicht immer Helden. Aber der Gebrauch erzeugt eine merkwürdige Gleichgültigkeit gegenüber Gefahren.

Ich erinnere mich, dass ich einmal der Tump Pit in oder in der Nähe von Rowley Regis einen Besuch abgestattet habe, als die Männer gerade ihr Mittagessen einnahmen. Es gab dort eine Art Halle von Eblis , ein etwa zehn Meter hohes Dach, und die Männer saßen in einer Dunkelheit, die nur schwach durch das Licht von ein oder zwei Talgkerzen erhellt wurde. Mittendrin stürzte ein Teil des felsigen Daches ein – genug, um eine Schubkarre zu füllen, und mit Sicherheit genug, um den Lebensfunken eines jeden Menschen auszulöschen, auf den es gefallen sein könnte. Ein von Kohle bedeckter Mann, zu dessen Füßen die Masse gefallen war, schaute ruhig auf und sagte: „Das hat so lange gehalten, bis es nicht mehr haften konnte." und das war alles, was zu dieser Angelegenheit gesagt wurde. Ich nehme an, dass man sich stillschweigend darüber im Klaren war, dass jederzeit in jedem Teil der Mine dasselbe passieren konnte und dass es sinnlos war, davonzulaufen. Eine passive Verachtung der Gefahr ist ein wesentliches Element im Leben des Bergmanns, und wenn es nötig wird, zeigt er eine aktive Verachtung, die feiner ist als alles, was ich jemals im Kampf gesehen habe.

Die Katastrophe in der Zeche Pelsall Hall war der Angelpunkt, an dem die Tür meines Schicksals hing. Ich habe einen unsagbar schlechten Roman geschrieben, dessen zentrales Ereignis dieses Desaster war, und er wurde von Samstag zu Samstag in den *Morning News veröffentlicht*, zum großen Schaden dieser Zeitschrift; Und solange die Geschichte lief, schrieben wütende Abonnenten an den Herausgeber, um sie und ihren Autor zu verunglimpfen. Nichtsdestotrotz war darin eine sehr gute Arbeit enthalten; und ein bedeutender Kritiker sagte mir, dass es zwar aus Fleisch und Blut bestehe, aber keine Knochen habe. Jahre später entstand daraus „Josephs Mantel", der, wenn ich so sagen darf, weniger unvollständig und formlos ist als sein totes und begrabenes Original.

Aber es war nicht dieser aufreibende Roman, der die Pelsall-Hall-Katastrophe in meiner persönlichen Geschichte unvergesslich machte. Ich habe dort eine Bekanntschaft gemacht – eine seltsamerweise begonnene Bekanntschaft –, die mir sehr geholfen hat. Ich traf dort den König aller Sonderkorrespondenten und hatte sofort eine Affäre mit ihm. Im Dorf gab es nur ein anständiges Zimmer als Unterkunft, und zwar in der Hütte eines gewissen Bailey, eines berufstätigen Ingenieurs. Mr. Bailey hatte mir dieses Zimmer ohne Wissen seiner Frau für eine Woche zu einer Miete von einem Sovereign vermietet, und Mrs. Bailey hatte es ohne Wissen ihres Mannes zu einem ähnlichen Mietzins wie das große Special vermietet. Box und Cox trafen aufeinander, jeder war sich seiner Rechte bewusst und jeder war entschlossen, den anderen zu verdrängen.

Ich verließ die Hütte gegen sieben Uhr morgens, als ich einen Mann traf, der ein Flanellhemd ohne Kragen, einen Dreitagebart, einen selbstgesponnenen Anzug und schwere Stiefeletten trug, die stark vom Lehm befleckt waren der regennassen Felder. Er rauchte eine kurze Tonpfeife und sah alles andere als das aus, was er war – der Komet am Zeitungsfirmament.

'Was machst du hier?' Er fragte: „Das Verhalten war aggressiv und diktatorisch, und ich ärgerte mich darüber."

„Ist das Ihr Geschäft?" Ich erwiderte.

'Wer bist du?' er hat gefragt. Ich sagte ihm, dass ich der Vertreter der *Birmingham Morning News sei* , stellte jedoch sein Recht auf diese Informationen in Frage.

„Schau her, junger Mann", sagte er; „In diesem Cottage gibt es nur ein Gästezimmer, und das gehört mir." „Ich habe es von der Frau des Hauses für ein Pfund pro Woche gemietet."

„Und ich habe es", antwortete ich, „vom Mann der Frau für ein Pfund pro Woche gemietet."

„Nun", sagte der große Mann mit großer Gelassenheit, „wenn ich dich dort finde , werde ich dich aus dem Fenster werfen."

Ich sagte ihm, dass das ein Spiel sei, das zu zweit gespielt werden könnte; Daraufhin brach er in lautes Lachen aus und klopfte mir auf die Schulter. Wir einigten uns darauf, abwechselnd Bett und Sofa zu nutzen, und damit war die Sache erledigt; aber ich fand den Namen meines Rivalen heraus und wäre in der Begeisterung meiner Heldenverehrung bereit gewesen, ihm alles zu überlassen. Alles andere als meine eigenen Ambitionen als Journalist und die Interessen der *Morning News* .

Hier bot sich tatsächlich eine Chance. Hier war ein Feind, der jedermanns Stahl würdig war. Archibald Forbes zu schlagen, hieße damals, wie es schien, eine Krönung mit ewigem Ruhm, und ich war nicht ganz ohne Hoffnung, es zu schaffen. Zum einen war ich auf dem Land heimisch. Ich habe den Dialekt gesprochen, und das war eine tolle Sache. Forbes war für die Hälfte der Männer unverständlich, und drei Viertel von dem, was sie sagten, waren für ihn unverständlich. Um Mitternacht des dritten Tages nach dem Einbruch des Wassers sollte es zu einem Abstieg und einem Rettungsversuch kommen, und ich hatte mir die Erlaubnis gesichert, die Gruppe zu begleiten.

Ich mietete ein Pferd in einem Pferdestall in Walsall und ließ es im Hinterhof einer Bierstube bereithalten. Nachdem mein riesiger Feind die Dinge achtundvierzig Stunden lang streng im Auge behalten hatte, war er schließlich zu Bett gegangen, überzeugt davon, dass nichts getan werden konnte. Es war eine schreckliche Nacht und für jemanden, der nicht an diesen Ort gewöhnt war, war es keine leichte Aufgabe, den Weg zur Grubenmündung zu finden. Die eisernen Feuerkäfige, die dort im windigen Regen und in der Dunkelheit brannten, behinderten den Fremden eher, als dass er ihm auf dem Weg zu ihnen half. Die Füße von Tausenden von Menschen, die die Stelle besucht hatten, seit die Nachricht von dem Unfall bekannt wurde, hatten den letzten Grashalm von den rutschigen Feldern weggefegt und eine tiefe Spur der Verzweiflung hinterlassen. Ich war ein halbes Dutzend Mal unten, und als ich die Hütte erreichte, in der sich die

Rettungsmannschaft versammelt hatte, glich ich einer Schlammstatue ebenso wie einem Mann. Alles war bereit und der Abstieg erfolgte sofort.

Wir standen unter dem Kommando von Herrn Walter Ness, einem tapferen Schotten, der später Leiter der Minen Ihrer Majestät in Warora , Zentralindien, wurde. Fünf oder sechs von uns drängten sich auf dem „Kübel", das Wort wurde gegeben, und wir schossen in den schwarzen Schacht hinunter, der im Licht der Lampen, die wir trugen, so aussah, als ob seine nassen und glänzenden Ziegelwände während unserer Fahrt nach oben schossen stationär gehalten. Nach einer Weile blieben wir stehen, mit einer schwarzen Wasserlache drei oder vier Klafter unter uns.

„Das wird der richtige Ort sein", sagte einer der Männer und klopfte mit einer Spitzhacke an die Wand.

„Ja", sagte Mr. Ness, „das wird ungefähr der Ort sein; Versuch es.'

Der Mann legte sich bäuchlings auf den Boden des Containers und arbeitete einen einzelnen Ziegelstein weg, der klatschend in das darunter liegende Becken fiel. Dann kam noch einer und noch einer heraus, bis dort ein Loch war, das groß genug war, dass ein Mann hindurchkriechen konnte. Wir waren auf einen alten, stillgelegten Luftweg gestoßen, der in das Innenleben der Mine führte. Einer nach dem anderen schlängelten wir uns vom Container in das Loch; und was auch immer die Bergleute darüber dachten, für mich war es eher eine gruselige Angelegenheit. Wir kamen alle sicher hinüber und machten uns auf allen Vieren auf den Weg durch Schlamm und Matsch, fünf bis sechs Zoll tief. Hier und da waren die Atemwege so hoch, dass wir mit gesenktem Kopf und runden Schultern gehen konnten. Manchmal war es so niedrig, dass wir in Schlangenlinien gehen mussten . An einer Stelle waren der Boden und die Decke des Ganges eingesunken, so dass wir tatsächlich tauchen mussten. Das kam uns damals etwas tröstlich vor, aber es hat uns hinterher das Leben gerettet. Nach mühsamem Hin und Her gelangten wir zu den Ställen und fanden dort die erste Leiche.

Es war das eines Jungen namens Edward Colman, der auf seltsame und schreckliche Weise gestorben war. Er saß auf einer felsigen Bank und zu seinen Füßen lagen ein grobes Stück Brot und Fleisch und ein Taschenmesser. Er hatte offensichtlich den Alarmschrei gehört, war aufgesprungen und mit tödlicher Wucht mit dem Kopf gegen eine vorspringende Felslanze direkt über ihm geschlagen. Seine Sorgen hatten ein schnelles Ende gefunden, der arme Kerl, und er saß steif, kalt und blass da und starrte vor sich hin wie eine Figur in einer Wachsfigurenausstellung.

Das Wasser versperrte uns den weiteren Abstieg in die Mine, aber man glaubte, dass durch einen Durchbruch durch die Erdwand des Stalls eine

Fortsetzung des alten Luftwegs gefunden werden würde. Das Experiment wurde mit alarmierendem Ergebnis durchgeführt. Kaum war der Durchbruch geschafft, floss ein langsamer Strom von Erstickungsfeuchtigkeit in die Kammer, und die Lichter begannen, eines nach dem anderen auszugehen. Wir krochen sofort um unser Leben zurück, und als wir am Becken vorbeikamen, waren wir in Sicherheit; Das Wasser blockierte effektiv den Durchgang des giftigen Gases. Ich hatte nur einen Hauch davon; aber es verursachte bei mir ein schmerzhaftes Gefühl am Nasenrücken, das einige Tage lang akut anhielt. Insgesamt hatte unsere Expedition keine Stunde gedauert; aber es hatte gezeigt, dass es unmöglich war, ein einziges Leben zu retten.

Eine weitere Viertelstunde später war ich angezogen und bestiegen und raste mühsam durch die Dunkelheit und den Regen in Richtung Birmingham. Als ich dort ankam, war die Landesausgabe der *News* bereits auf dem Gerät und die Autoren verließen ihre Arbeit. Die Nachricht wurde jedoch sofort gegeben, die gesamte Truppe wurde festgehalten, und ich setzte mich hin, um einen Bericht über das Abenteuer der Nacht zu schreiben – der Druckerteufel kam, um die Kopie Blatt für Blatt zu holen, während sie geschrieben wurde, und jedes Folio wurde in ein halbes Dutzend zerschnitten Stücke, damit möglichst viele Männer gleichzeitig daran arbeiten können. Ich schlief ein paar Stunden und fuhr dann mit einer Kopie der Zeitung in der Tasche zurück nach Pelsall. Eine Stunde später packte Forbes seine Sachen zusammen und verließ den Tatort.

Ich hatte das Gefühl, dass ich mir einen Feind gemacht hatte und dass Forbes mir niemals verzeihen würde, dass ich ihn geschlagen hatte. Ich kannte meinen Mann jedoch nicht; denn er war es, der mich ein Jahr später in London an die Hand nahm und mir die ersten regulären Engagements sicherte, die ich dort je hatte. Er stellte mich Edmund Yates vor, der mir einen Platz im ursprünglichen Stab der *World verschaffte* , und JR Robinson, dem Manager der *Daily News* , der mir einen Platz auf der Galerie des Unterhauses und die Chance gab, was zu zeigen Ich war gut als beschreibender Autor. Forbes hat mehr als das getan; aber die Angelegenheit, die ich im Sinn habe, ist privat und vertraulich. Ich habe kein Recht, hier darüber zu sprechen, außer zu sagen, dass es ein Akt großherziger Großzügigkeit war, der auf eine für diesen Mann völlig charakteristische Weise vollbracht wurde, und dass ich nie aufhören werde, dafür liebevoll dankbar zu sein.

Bei der Katastrophe in Pelsall Hall gab es zwei Fälle von Flucht, die es wert erscheinen, aufgezeichnet zu werden. Jede Mine verfügt über einen sogenannten „Upcast-Schacht" – einen senkrechten Tunnel, der Seite an Seite mit dem Arbeitsschacht verläuft und am Fuß durch einen Luftkanal mit diesem verbunden ist, der der Belüftung der Gruben dient. Als der erste

Wasserstrahl, der von einem alten, verlassenen Bauwerk hereinbrach, herabstürzte, standen ein Mann und ein Junge am Grund des heruntergekommenen Gebäudes. Sie wurden auf dem Wellenkamm sauber durch die Atemwege getragen, im Aufwind ein Stück nach oben getragen und dort auf den Boden eines Containers getrieben, wo sie einige Stunden später bewusstlos, aber lebend aufgefunden wurden. Keine andere Kreatur wurde lebend ans Ufer gebracht.

Ein Sonderkorrespondent erschien an einem Sonntag in Pelsall, gerade als der kaputte Pumpapparat repariert werden sollte und alle Beteiligten um ihr nacktes Leben arbeiteten. Damals war noch nicht endgültig geklärt, dass die Hoffnung zu Ende war, und alle waren von einer fast übermenschlichen Kraft erfüllt . Der Korrespondent, der in seinem eigenen Ansehen eine große Persönlichkeit war, schickte seine Karte an den Manager, der ihm eine recht höfliche Nachricht zurückschickte, in der er ihm mitteilte, wie beschäftigt er sei, und um eine Entschuldigung für ein oder zwei Stunden bat.

„Nehmen Sie diese Karte zurück", sagte der Special (ich war Zeuge der Szene), „sagen Sie, dass ich sie vertrete" (er nannte eine der einflussreichsten Londoner Tageszeitungen), „und dass ich auf einem Interview bestehe."

Diesmal kam eine ausreichend unhöfliche Nachricht zurück; und der mächtige Mann zog sich, nachdem er ein oder zwei Stunden herumlungerte, zurück und schrieb einen Artikel, in dem er die Menschen im Schwarzen Land als Wilde beschrieb und ein oder zwei dumme alte Verleumdungen wieder aufleben ließ, die einstmals über sie verbreitet waren. Zum einen war der alte Unsinn über den Champagner da. Ich kenne die Bergleute des Black Country ziemlich gut – zumindest sollte ich das tun, denn ich wurde mitten unter ihnen geboren und habe ihr Verhalten von der Kindheit bis zum Mannesalter beobachtet –, und ich habe noch nie einen arbeitenden Bergmann gekannt, der auch nur von etwas gehört hätte Sekt. Hin und wieder mag ein wohlhabender „ Butty " (*Anglicè* , Chartermaster) eine Flasche probiert haben; aber das Getränk des arbeitenden Bergarbeiters ist „Grubenbier". Das beliebte Rezept für dieses Getränk besteht darin, „drei Malzkörner in den Schnitt zu geben und so viel davon zu trinken, wie man möchte".

Ich erinnere mich an die Geschichte einer Weinparty, die sich im Scott's Arms in Barr traf. Ich wage zu behaupten, dass Mr. Henry Irving das Haus kennt, denn er ist dort Präsident der Literary Society. Die Geschichte wurde mir vom Vermieter erzählt. Drei Chartermaster saßen an einem Tisch in der Bar, und der alte Pountney hörte ihre geflüsterten Gespräche.

„Hast du Portwein getrunken, Jim?"

'NEIN; Was ist es?'

„Nun, Portwein – Portwein; Es ist ein Zeug, das die Herren lieben.'

„Dann schätze ich, dass es sehr teuer wird."

„Oh, wir können es mit den dreien auf uns aushalten." „Haben Sie Portwein, Vermieter?"

„Ja, einige der besten in der Grafschaft."

„Wohin soll es führen?"

„Sieben und sechs pro Flasche."

„Sie haben es herausgefunden", erzählte mir der Wirt, „mit einem kleinen Stumpf eines Odenbleistifts auf der Tischplatte, und als sie sich entschieden hatten, war Siven und Sixpence eine halbe Krone pro Stück darunter." Die drei bestellten eine Flasche. Ich schickte meinen Mann in den Keller und ging hinaus, um nach meinen Schweinen zu sehen. Als ich wieder zurückkam, saßen sie mit schiefem Mund da und sahen sich an, mit etwas schmutzig aussehendem Zeug in den Gläsern vor ihnen . „Meine Herren", sage ich , „Sie scheinen Ihren Schnaps nicht zu mögen." "Mag ich!" sagt einer über sie ; „Wenn das das Zeug ist, das die Herren trinken , dann ist es uns bei den Herren willkommen." Ich wende mich an meinen Mann und „Bill", sage ich, „wo hast du diese Flasche Portwein her?" „Warum", sagt er, „ich habe es aus dem ersten Mülleimer auf der linken Seite geholt." „Na, du verdammter Idiot", sage ich , „du hast ihnen Pilzketchup angetan !"

III

Am 25. Mai 1865 trat ich in die Vierte Royal Irish Dragonergarde Ihrer Majestät ein. Ich hatte gerade meinen achtzehnten Geburtstag hinter mir, und aus Gründen, die es heutzutage nicht mehr zu erwähnen lohnt, war die Welt untergegangen. Das bürgerliche Leben bot keinen angemessenen Ausweg aus dieser Sterblichkeitsstufe, und ich war (theoretisch) in der Lage, mit Vergnügen gegen einen wilden Feind zu marschieren. Ich wusste nichts von diesen kleinen Dingen und war mir der Tatsache nicht bewusst, dass das Vierte Royal Irish hauptsächlich ein Regiment war, das zu Hause blieb.

Meine Begeisterung für das Militärleben ließ schon früh nach. Ich wage zu behaupten, dass sich die Dinge in den letzten siebenundzwanzig Jahren einigermaßen gebessert haben; aber meine Erfahrung war im Wesentlichen eine Aufzeichnung kleinlicher Tyranneien und Unterdrückungen, bei der Erinnerung an einige davon kocht mein Blut bis zum heutigen Tag. Allerdings hat alles auch eine komische Seite und ich kann über viele meiner eigenen Erlebnisse lachen. Ich hatte an diesem Tag eine Verabredung zum Abendessen mit einem Freund im Haymarket, und als ich feststellte, dass es etwas zu früh dafür war, stand ich da, um den Springbrunnen auf dem Trafalgar Square zuzuschauen. Mein Geist befand sich in einem Zustand stimmungsvoller Erhabenheit, dessen Erinnerung aus dieser Zeitspanne sowohl komisch als auch rührend ist. Ich war ein ziemlich missverstandener junger Mensch und wollte unbedingt Rache dafür nehmen, an allen und jedem, auch an mir selbst. Die blau gekleidete alte Spinne mit den Messingknöpfen, die kam, um ihr Netz um mich zu weben, musste nicht besonders ausführlich beschrieben werden. Ich schloss sofort mit ihm ab, und er führte mich mit einem verstohlenen Anschein von Gleichgültigkeit in einen Hinterhof, wo er die gesetzlichen Fragen stellte und den gesetzlichen Schilling überreichte.

Ich hatte geglaubt, dass ich sofort meine militärische Laufbahn beginnen sollte, aber zu meiner Überraschung wurde mir befohlen, mich am nächsten Tag um 12 Uhr im Depot der St. George's Barracks zu melden. Gelingt dies nicht, wurde mir mitgeteilt, dass ich als Schurke und Vagabund festgehalten und mit einer Gefängnisstrafe bestraft werden sollte. Ich ging weiter zum Abendessen und langweilte mich dort mit einer geheimnisvollen Trübsinnigkeit, die, wie ich lange später erfuhr, aufkam zu einer Menge Vermutungen. Am nächsten Tag wurde ich in einem heruntergekommenen Hinterzimmer hinter dem Polizeigericht von Westminster vereidigt und erfuhr, dass ich formell für eine Amtszeit von zwölf Jahren an den Dienst Ihrer Majestät gebunden war, wobei meine einzige Hoffnung, dem zu entkommen, die Zahlung einer Summe war dreißig Pfund als Kaufgeld.

Mein militärischer Eifer war bereits bei der ärztlichen Untersuchung ein wenig abgekühlt, wo ich zu meiner schrecklichen Verlegenheit gezwungen wurde, mich splitternackt auszuziehen, und von einem älteren Herrn mit Zwicker inspiziert wurde, während ein halbes Dutzend desinteressierter *Leute* zusah , darunter zwei oder drei Lümmel in Barsch, die darauf warteten, dass sie an die Reihe kamen. Ich wurde in verschiedene Haltungen gebracht, die ich alle als lächerlich und demütigend empfand; und als diese Tortur vorüber war, folgte die Vereidigung und ein Besuch in der Kantine des Depots, wo ich eine Summe von sieben und sechs Pence erhielt und mit einigen Rohmaterialien der Streitkräfte der Nation bekannt gemacht wurde.

Ich kann ganz offen sagen, dass mir das Rohmaterial nicht gefallen hat. Die jungen Männer, die es komponierten, waren ausnahmslos vulgär und rüpelhaft. Ihre Sprache war absolut unbrauchbar und sie waren alle mehr oder weniger rot vor Bier. Ich war mein ganzes Leben lang fast ein völliger Abstinenzler gewesen, und obwohl ich aus Gefälligkeit ein wenig davon getrunken hatte, fand ich, dass die Kantine das ekligste Zeug war, das ich je gegessen hatte. Die Kaserne des Depots, in der die Rekruten bis zu ihrer Deportation schliefen hallte morgens, mittags und abends von bedeutungslosen Schimpfwörtern und Obszönitäten wider und war abgestanden vom Rauch schlechten Tabaks und den Dämpfen dieses höchst gleichgültigen Bieres. Ich erfuhr, dass ich nach Irland unterwegs war und dass sich das Hauptquartier meines Regiments in Cahir befand. Ein angesehener alter Sergeant des Depots interessierte sich für meine Ruhe und Isolation. „Du wirst bald aus diesem Haufen raus sein", sagte er, „und du wirst so etwas nie wieder sehen." Diese Kerle werden Manieren lernen, wenn sie sich den Farben anschließen ; und man hat Glück in dem Regiment, in das man geht – es gibt keinen Klügeren im Dienst.'

Ich habe im Laufe meiner Zeit ein oder zwei unbequeme Reisen unternommen, aber ich kann mich an nichts erinnern, das so unbequem war wie der Marsch mit diesem zerlumpten und verrufenen Kontingent entlang Piccadilly, durch den Hyde Park, die Edgware Road hinunter und so weiter zur Paddington Station . Für das wunde und rebellische Herz war es schön und gut, innerlich zu singen: „Ja, lass mich fallen wie ein Soldat", aber dies war ein schmutziger Anfang für den militärischen Ruhm, und ich wäre lieber direkt erschossen worden, als mir begegnet wäre irgendjemand, den ich auf dieser Reise kannte. Soweit ich weiß, erreichte ich den Bahnhof unbemerkt und war froh, mich in einem Abteil dritter Klasse verstecken zu können, in den mich der Wachtmeister der Truppe winkte. Er war in der Tat sehr nett und freundlich, gab mir auf vielfältige Weise Ratschläge, die seine eigene Erfahrung nahelegte, und redete ständig mit seiner Hand auf meiner Schulter. Ich hatte angefangen, ihn für einen wirklich guten Kerl zu halten, und mir wurde warm ums Herz, als er die Katze aus dem Sack ließ.

Ich war hübsch gekleidet und der Morgenanzug, den ich trug, war kaum eine Woche alt. Er war so freundlich, mir als Gegenleistung zehn Schilling und eine Auslage für eine Vogelscheuche anzubieten. Ich lehnte das freundliche Angebot ab und der Sergeant kühlte ab. Er ließ sich herab, in Didcot Junction einen Drink anzunehmen ; tatsächlich erwies er mir die Ehre , darum zu bitten; aber als es verbraucht war, befahl er mir, in einen Wagen zu steigen, der bereits mit einem halben Dutzend meiner Rekrutenkollegen voll besetzt war, und in ihrer Gesellschaft beendete ich die Reise nach Bristol.

Wir übernachteten in der Gloucester Barracks, die, wie ich hörte, einst ein Hotel gewesen war, und der Begleitsergeant, der boshaft geworden war, beauftragte mich damit, Kohle nach oben zu tragen.

Dies war meine erste Erfahrung im Dienstdienst, und ich blieb dabei, bis ich wirklich sehr erschöpft war und meine schicken Sommerhosen und blitzsauberen Hemdmanschetten ein wenig beschädigt waren. Als dieser Dienst beendet war, begegnete ich dem Begleitsergeant nicht mehr, sondern wurde in die Obhut eines urigen alten Jungen überstellt, der eine erstaunliche Gelehrsamkeit zeigte. Er verfügte über vier oder fünf lateinische Sprichwörter. Er kannte das griechische Alphabet, hatte im indischen Dienst ein wenig Hindi und auf der Krim ein wenig Französisch und Türkisch gelernt . All dies brachte er mir auf sehr natürliche Art und Weise zum Ausdruck, und ich war sehr beeindruckt von seiner Gelehrsamkeit, bis mich ein grinsender Depot-Mann in eine Ecke drängte und mir sagte, dass „der Sergeant mir zufällig die ganze Tüte voller Thricks gezeigt hatte" . „Anscheinend machte er jedem gut gekleideten Rekruten dieses Kompliment; und der Depotmann warnte mich, dass auch er ein Gebot für meine Kleidung abgeben und mir als Gegenleistung eine Vogelscheuchenausrüstung anbieten würde.

„Wenn Sie meinen Tipp annehmen", sagte der Depotmann, „sagen Sie weder Ja noch Nein, bis Sie in der Kaserne ankommen." Kape the ould Schreckenshof Warten Sie ab und zu, bis Sie durch die Tore kommen, und sagen Sie ihm dann, er solle in die Flammen gehen. Wenn Sie ihn richtig bearbeiten möchten , können Sie ihn die ganze Zeit über so glatt wie Schmierseife behandeln . Wenn du zu früh Nein sagst, wird er wie eine Tonne Roheisen auf dich losgehen . „Es ist die Wahrheit, die ich euch sage ", fügte er hinzu, „so sicher, wie Gott kleine Äpfel gemacht hat."

Er dachte, sein Rat sei einen Drink wert. Das dachte ich auch, und er hat es verstanden.

Am nächsten Tag dampften wir im *Apollo los* und fuhren nach Cork. Wir hatten eine schwierige Reise hinter uns, und der Sergeant des Depots nahm mich mit in seine Privatkabine und heiterte mich mit einem Glas Whisky auf, dem ersten, das ich je probiert hatte. Nachdem er mein Herz auf diese Weise erweicht hatte, fing er an, den Handel mit dem Anzug zu versuchen, und brachte eine Reihe von Kleidungsstücken hervor, wie ich sie, glaube ich, noch nie gesehen habe.

„Du darfst diese nicht behalten", erklärte er und befingerte mich am ganzen Körper, um die Qualität des Stoffes zu testen, den ich trug. „In ein oder zwei Tagen bist du im Regiment, und für dich wird es keinen Unterschied machen."

Einer der Offiziere des Schiffes schaute herein, während dieses Geschäft im Gange war, und unterbrach ihn schroff: „Sie treten Ihrem Regiment bei und sehen aus wie ein Gentleman, junger Mann." Ihre Beamten werden es Ihnen nicht verübeln, wenn Sie anständig vorgehen. Verdammt, Sergeant, warum wollen Sie dem Jungen die Aussichten verderben?

So wurde der Anzug ein zweites Mal gerettet; aber eine Woche später ging es an einen alten Soldaten, der das Regiment verließ und dem es bis aufs Haar passte. Er sollte einen bestimmten Teil seiner Ausrüstung für mich zurücklassen, der, wie er mir versicherte, von größtem Nutzen sein würde; aber er verkaufte an diesem Abend die Gegenstände, die ihm gehörten, an die Männer in seiner eigenen Kaserne und brach auf, ohne mich wiederzusehen.

Die stürmische Überfahrt endete herrlich inmitten der stillen Schönheit und dem friedvollen Schutz der Bucht von Cork. Ich habe seit 1865 viele der berühmtesten Schauplätze der Welt gesehen, und ich wage zu behaupten, dass meine Unerfahrenheit eine große Rolle gespielt hat; aber ich kann mich an kein Naturschauspiel erinnern, das mir ein größeres Vergnügen bereitet hätte. Es war der Morgen des 30. Mai. Die Sonne ging gerade auf, und die Dächer und Türme der Stadt zeichneten sich vor einem leuchtenden Himmelsgürtel ab. Spike Island lag grün und lächelnd mitten in der Bucht; und auf beiden Seiten, an den smaragdgrünen Hängen, waren hier und da weiße Villen verstreut. Die ganze Szene sah sehr süß und rein und heimelig aus, und es gab bestimmte Gedanken in meinem Kopf, die den Anblick unvergesslich machten.

Wir wurden alle in die Cat's Hill Barracks gebracht und dort über den Sonntag festgehalten. Meine Begleiter verschwanden ohne Rücksicht , und ich reiste unter der Obhut eines anständigen alten Mannes nach Cahir hinunter, der nicht versuchte, meine Kleidung zu kaufen, sondern viel Zeit damit verbrachte, mich zu ermahnen, meinen Freunden zu schreiben und sie um Verzeihung dafür zu bitten habe mich lächerlich gemacht.

„Schrei, mach es spät", sagte er, „und du kannst es genauso gut bald tun."

Ich war ziemlich einsam und traurig genug, um den Rat befolgt zu haben, und der militärische Ruhm schien in weiter Ferne zu liegen; aber ein dummer

Stolz hielt mich zurück und ich tat so, als wäre ich mit meinen Aussichten und meiner Umgebung sehr zufrieden.

wenig verstand, konnte ich erkennen, dass sich das Regiment in einem hervorragenden Zustand der Disziplin und Effizienz befand. Das war vor ein paar Jahren noch nicht der Fall gewesen, als der Zwischenfall mit Leutnant Robinson in Birmingham das Kommando von Oberst Bentinck in schweren Verruf gebracht hatte. Oberstleutnant Shute, dem die eigentliche Führung des Regiments oblag, machte sich daran, den Kosmos aus dem Chaos zu befreien; und er hat es geschafft, obwohl es ein oder zwei Tage sehr mühsamer Arbeit gekostet hat. Ich weiß besser als damals, was ein Regiment sein sollte, und ich verlange keine strengere oder vernünftigere Disziplin. Die Männer waren ihrem Oberst mit Begeisterung treu und glaubten an ihn, als wäre er eine Art Gottheit. Ich bin überzeugt, dass sie überall hingegangen wären und alles für ihn getan hätten. Es gibt nichts, was der britische Soldat mehr respektiert als Gerechtigkeit, und er mag es trotzdem, wenn es ein wenig streng ist. Wir hatten alle große Angst vor dem Oberst, obwohl er kein bisschen mehr ein Martinet war, als jeder gute Offizier sein sollte; und seine Frau, die die Angewohnheit hatte, den Männern handsignierte Gebetbücher zu geben, wurde mit aufrichtiger Zuneigung betrachtet.

Ich empfand die Männer im Großen und Ganzen als sehr gute Kerle. Natürlich waren alle möglichen darunter. Viele waren gut erzogen und gut ausgebildet, und ein oder zwei hätte man in fast jeder Gesellschaft ohne Überraschung antreffen können. Einige wiederum waren durch und durch Schurken, und andere, die zu den beliebtesten und besten Soldaten zählten, waren unverbesserlich ruchlos und undiszipliniert. Ein Mann, der sich dreimal die Auszeichnung als Obergefreiter verdient hatte, wurde während meines ersten Dienstmonats zum dritten Mal gebrochen und in den Dienstgrad zurückversetzt. Er hielt sich jeweils zwei oder drei Jahre lang vom Trinken fern und machte dann in einer Nacht alle Ergebnisse harter Arbeit und Selbstverleugnung zunichte. Nehmen Sie die Männer in der Hauptsache, und es wäre schwierig, eine bessere Gruppe zu finden; aber die Unteroffiziere schienen es sich zur Lebensaufgabe zu machen, jedem vielversprechenden Rekruten die schwerste Last auf die Schultern zu laden. Keiner von ihnen war besonders gebildet, und ich vermute, dass es nur natürlich war, dass sie den Aufstieg eines Jugendlichen mit besserer Erziehung als sie selbst fürchteten und ihr Bestes taten, um ihn niedrig zu halten. Diese Veranlagung fand man nur bei den jüngeren Unteroffizieren – Männern , die ihren Posten noch nicht lange genug innehatten, um sich an die Würde des Ranges zu gewöhnen.

Es gibt oder gab zu meiner Zeit ein Soldatensprichwort: „So gemein wie ein frischgebackener Korporal." Mit einer Ausnahme waren die Sergeant-Majors gute Kerle und bei ihren Männern beliebt. Ich werde den Namen der

Ausnahme nicht nennen, denn er könnte noch am Leben sein; aber er war allgemein als „Das Schwein" bekannt und er verdiente seinen Titel. Es gab keine Gemeinheit und keine Verweigerung der militärischen Etikette, deren er sich nicht schuldig gemacht hätte, um einen Mann in Schwierigkeiten zu bringen. Ein bedrängter Soldat griff ihn brutal mit einer Heugabel an und musste für dieses Vergehen eine zweijährige Haftstrafe zahlen . „Das Schwein" blieb von dieser Erfahrung völlig unberührt; Und eines Nachts, als er nach dem Ausschalten des Lichts durch die Barackenräume streifte, um zu sehen, ob er nach Einbruch der Dunkelheit einen Raucher finden konnte, wurde er aus allen Teilen des Raumes mit einem gewaltigen Rausch von Rauschgiften überschüttet . Die hochgezielte und niedrige Kavallerie kann, wie Graf Billy Considine über die Karaffe sagte, zu einer sehr wirksamen Rakete gemacht werden, und ihre Angriffskraft wird nicht durch die Tatsache gemindert, dass sie häufig einen Sporen an der Ferse trägt Ein oder zwei Tage lang wurde mit angehaltenem Atem über das Ereignis im Regiment gesprochen, aber daraus wurde nichts. „Das Schwein" war sich seiner Beliebtheit bei seinen Vorgesetzten keineswegs sicher; und es gibt eine bewundernswerte und äußerst vertrauenswürdige militärische Tradition, die besagt, dass kein guter Offizier jemals von seinen Männern angegriffen wird.

IV

Das Vierte Royal Irish war besonders stolz, und das nicht ohne Grund, auf den klugen und soldatenähnlichen Aspekt des Regiments. Rekruten wurden mit neidischen Augen betrachtet, und ein schlaksiger oder rüpelhafter Bursche wurde mit offener Missbilligung aufgenommen . Als wir in Cahir waren, kamen ein paar junge Fischer aus Nordirland hinzu. Sie kamen in Seestiefeln, Pilotenstoffhosen und gestrickten Trikots; und sie waren eine Zeit lang Gegenstand des Spottes . Ich wage zu behaupten, dass sich das Regiment noch an eine Geschichte erinnert. Sie wurden in die Reitschule geschickt, bevor sie Zeit hatten, ihre Regimentszüge abzuholen. Für einen ungeübten Menschen ist es keine leichte Aufgabe, ohne Steigbügel auf ein gesatteltes Pferd zu steigen, und die jungen Seeleute in ihren riesigen Seestiefeln waren doppelt im Nachteil.

„Ich komme auf keinen Fall an Bord dieses Fahrzeugs , Kapitän", sagte einer von ihnen zum alten Barron, dem Reitlehrer. Ich werde seinen verächtlichen und verächtlichen Ausdruck nie vergessen, als er sah, wie die jungen Männer schändlich in den Sattel gehoben wurden. Beim ersten Befehl zum Traben hielten die Fischer verzweifelt an Sattel und Kopfstück fest.

„Jack", sagte Barron und rümpfte verächtlich seine rote Nase, „Pass auf, sonst übertreibst du!"

„Ich nicht", sagt Jack; „ Nicht solange die blühende Takelage hält."

Die Seebrüder erwiesen sich später als sehr kluge Soldaten; aber innerhalb eines Monats nach ihrer Ankunft entstand das hoffnungsloseste Exemplar, das ich je gesehen habe. Sein Name war Sullivan, obwohl er ihn Soolikan aussprach , und er war die Verkörperung jeglicher Unbeholfenheit und Dummheit. Er war ein schlurfender, plattfüßiger, schwächlicher und rundschultriger Jugendlicher, und der Vierte fragte erstaunt, wie um alles in der Welt die Ärzte dazu gebracht worden seien, an ihm vorbeizukommen. Soweit ich mich erinnere, hat er nie etwas gelernt. Die verschiedenen Drills arbeiteten an ihm wie Galeerensklaven, aber es gelang ihnen nie, ihm den Unterschied zwischen „Backbordwaffen" und „Tragewaffen" beizubringen. Nachdem er sorgfältig in die Schwertübung eingewiesen worden war, fragte er den Sergeant, wozu das alles nütze. „Während ich das durchmachte", sagt er, „ hackte mir irgendein verdammter Russe den Kopf ab." Es war seine Idee, dass ein Soldat die Schwertübung im Angesicht des Feindes absolvieren sollte; und der Gedanke, dass es lediglich dazu gedacht war, Geschicklichkeit im Umgang mit der Waffe zu vermitteln, kam ihm nie in den Sinn.

Es gab nie etwas Hoffnungsloseres auf der Welt als den Versuch, Soolikan das Reiten beizubringen. Natürlich wurde ihm in der *Manege nie vertraut* ; Aber er stolperte auf erstaunlicher Weise auf dem Geländer der Reitschule herum, brach sich keine Knochen und zog sich, auf die eine oder andere Weise, keinen Schaden zu. Jeden Morgen führten die Rekruten ihre Pferde in die Schule und bestiegen sie dort, und jeden Morgen wandte sich der alte Barron mit den gleichen Worten an sein *schlechtes Gewissen* : „Such dir einen weichen Platz, Sullivan." Solange das Fahrgeschäft im Schritttempo am unteren Ende der Schule kreiste, war alles in Ordnung. Aber dann kam der Befehl: „Fahren Sie groß!" und kurz darauf der lange, gedehnte Befehl „Tr-rooot!"

Die Pferde, die alte Hasen waren und die Befehlsworte viel besser kannten als ihre Reiter, begannen am Anfang der Notiz; und bevor der Anruf gut zu Ende war, ertönte das lebhafte, eindrucksvolle „Halt!" würde wie ein Pistolenschuss darüber hinwegschnappen. „Hol Sullivan ab, jemand!" Der glücklose Mann kam eines Morgens nach mehr als drei Monaten Unterricht triumphierend zu mir und sagte mir mit einem breiten Grinsen: „Ich bin an diesem Tag nicht gestürzt." Er wurde vom ersten Moment an als unverbesserlich erkannt, und wann Er hatte nur vier Monate im Regiment verbracht und verschwand. In den Kasernenräumen wurde düster geflüstert, man habe ihm gesagt, er solle gehen, und man habe ihn mit einer Zehnpfundnote bestochen, um das Regiment zu verlassen. Ich wage es nicht, Namen zu nennen; Aber ich glaube, ich könnte den tapferen Offizier überzeugen, der diese Kosten für die Ehre des Korps auf sich genommen hat.

Ich nehme an, dass die Schulbehörden in den letzten zwanzig Jahren viel getan haben, um die Masse der Unwissenheit in der Bevölkerung zu minimieren ; Aber im Jahr 1965 fand man hier und da einen erstaunlichen Winkel geistiger Dunkelheit in der Basis eines schicken Regiments wie dem Vierten. Es gab einen großen, massigen Kerl namens Gardiner, der eines Tages damit prahlte, dass er das Doppelte seines eigenen Gewichts tragen könne. Ihm wurde gesagt, dass er sein eigenes Gewicht nicht einmal heben könne, und er wurde überredet, einen Korb mit zwei Henkeln zu kaufen, den er anfertigte herkulische Anstrengungen, sich zu erheben. Es gab einen anderen Mann, der die ironische Aussage eines Kameraden mit vollem Ernst aufnahm, dass er eine Waldtaube am Nordpol erschossen habe und dass der Vogel auf die Nadel oben am Pol gefallen sei und es auch getan habe so fest gefroren, dass es unmöglich war, es zu entfernen.

„Ihr kennt das Lied", sagte der Humorist , „wahr wie die Nadel an der Stange." Es gibt keine Möglichkeit , die Nadel aus dem Pol zu kriegen, und jetzt ist auch die Taube nicht mehr aus der Nadel zu kriegen.

Der Mann, zu dessen Gunsten die Geschichte erzählt wurde, rauchte ruhig seine Pfeife und antwortete: „Begorra, aber da oben muss es kalt sein!"

Einige der Männer hatten seltsame Vorstellungen darüber, welchen Nutzen das Lernen haben sollte. Einer kam an einem Sonntagnachmittag mit einer Bibel zu mir und bat mich, für ihn alle unschönen Passagen zu finden und ihm vorzulesen. Ich reagierte auf diesen Vorschlag mit so lauter Ablehnung und überschüttete den Kopf seines Autors mit solchen Schmähungen, dass der Korporal des Zimmers, der draußen eine ruhige Pfeife rauchte, hereinkam, um herauszufinden, was los war, und zufrieden war Er begann, den Mann mit einem Stiefel auf den Kopf zu schlagen. Von der so gezüchtigten Person hörte ich nichts mehr davon; Aber ich habe genug von anderen gelernt, um zu wissen, dass meine Weigerung nicht dazu beigetragen hat, mich beliebt zu machen. Es bestand das stillschweigende Gefühl, dass ich kein freundlicher Mensch war – dass ich nicht bereit war, die Ergebnisse meiner Lektüre mit den weniger Begünstigten zu teilen .

In diesem zeitlichen Abstand kann ich leidenschaftslos schreiben; Aber viele Jahre lang hatte ich Erinnerungen an kleinliche Tyranneien, die mein Blut zum Kochen brachten. Es gab einen schlaksigen jungen Mann im Regiment, der vier oder fünf Monate älter war als ich, der mit einem der Sergeant-Majors verwandt war und der natürlich von seinem Verwandten für eine Beförderung gebucht wurde. Soweit ich weiß, gehörte es nie zur Armee-Etikette, aber es war damals eine übliche Praxis, die Habseligkeiten eines Neuankömmlings zu stehlen und auf diese Weise einen Mangel in der Ausrüstung auszugleichen Plünderer. Mein Koffer war mir eine Woche lang nicht ausgehändigt worden, bevor die Hälfte seines Inhalts entzogen wurde, und ich wurde auf einen Wechsel von einem Penny pro Tag als Taschengeld reduziert, bis die Plünderungen behoben waren. Der Neffe des Sergeant-Majors wurde dabei erwischt, wie er gerade ein Paar Stulpenhandschuhe mit meiner Nummer formte, und die unmittelbare Folge davon war ein Stand-up-Kampf in der Reitschule in Anwesenheit von etwa fünfzig oder sechzig Männern und zwei oder drei Offiziere, die von der Galerie aus zusahen. Ich ging als Sieger hervor und erlangte das gestohlene Eigentum zurück; Aber der schlaksige junge Mann wurde nächste Woche zum Gefreiten ernannt, und es wurde zu seiner Pflicht, mich in militärischen Übungen zu unterrichten, in denen ich weitaus besser war als er. Es wurde für ihn zur Gewohnheit, mich bei der Arbeit zu lassen, während der Rest der Truppe sich entspannt verhielt, und er verfügte über einen Wortschatz, der zwar begrenzt und unoriginell war, aber so anstößig war, wie man es sich nur vorstellen kann.

Schließlich gab er mir einen so abscheulichen Schimpfnamen, dass ich im Eifer des Gefechts vergaß, dass ich einen Säbel in der Hand hatte, und ihn direkt von der Schulter aus mit der Parierstange auf den Mund traf Waffe. Das war natürlich eine reine Meuterei, und bevor ich wusste, wo ich war , wurde ich von hinten gepackt, der Säbel wirbelte durch die Luft und ich lag mit verstauchtem Handgelenk da. Dann wurde ich feierlich zum Wachraum geführt und dort mit der Aufgabe betraut, am nächsten Morgen auf ein Gespräch mit dem Oberst zu warten.

Einer der Wachmänner hatte sich aus der Regimentsbibliothek ein Exemplar von Charles Reades „It is Never too Late to Mend" ausgeliehen, und ich las dieses Meisterwerk den ganzen Nachmittag und so lange bis in die Nacht hinein, wie es das schwindende Licht erlaubte. Das Bett im Wachraum mit seinem schrägen Brett und dem Holzkissen war kein besonders luxuriöser Schlafplatz, und ich stand bei Tageslicht auf, um die fesselndste und bezauberndste Geschichte zu Ende zu bringen, die ich bis dahin je gehört hatte. Das Buch hat für mich bis heute einen großen Teil seines alten Charmes und seiner Kraft bewahrt, aber damals hat es alles ausgeblendet; Und obwohl ich, wenn ich das Gegenteil wüsste, möglicherweise zur Auspeitschung oder Erschießung verurteilt werden würde, ergab ich mich dem Zauber der Geschichte so vollständig, als ob die Zukunft völlig klar gewesen wäre. Der Oberst war ziemlich schrecklich, als es soweit war, und ich erinnere mich an einen Grundsatz, den ich in den ersten drei Minuten unseres Interviews von ihm bekam.

„Nun, was haben Sie zu Ihrer eigenen Meinung zu sagen?"

„Tatsache ist, Sir", antwortete ich, „dieser Mann war äußerst abscheulich unverschämt."

„Unsinn", sagte der Oberst; „Ein Gefreiter kann gegenüber seinem Vorgesetzten unverschämt sein; Ein Vorgesetzter kann einem Gefreiten gegenüber nicht unverschämt sein.'

Ich bezweifle, dass der tapfere Oberst geneigt gewesen wäre, diese These im Unterhaus zu vertreten, dessen Versammlung er später ein beliebtes und geehrtes Mitglied wurde; aber ich wage zu behaupten, dass es sich sehr gut als Apothegma für die Schreibstube bewährt hat. Es stellte sich jedoch heraus, dass der frischgebackene Gefreite und ich etwa eine Woche vor seiner Beförderung einen Streit gehabt hatten und dass ich die Nase vorn hatte. Ich sprach über die Sprache des Unteroffiziers, weigerte mich aber, sie zu wiederholen. Einer aus der Truppe , der als Zeuge vorgeladen wurde, war weniger wählerisch, und der Oberst las dem jungen Unteroffizier tatsächlich eine schreckliche Lektion vor und schickte mich in Zellen Zehn Tage lang hatte ich den Befehl gegeben, mich nicht in Ungnade zu fallen – womit gemeint war, dass ich nicht die Gefängnisernte erhalten sollte, die zur Auszeichnung des gewöhnlichen turbulenten Soldaten gemacht wird. Von da an wurde dafür gesorgt, dass der schlaksige junge Mann mich nicht mehr unter Kontrolle hatte; aber wenn wir vorbeikamen, sahen wir uns immer finster an, und ein oder zwei Jahre nach meiner Rückkehr ins bürgerliche Leben hegte ich die warme Hoffnung, ich könnte ihn treffen und in seiner

Gesellschaft die Übung wiederholen, die ich beim Reiten so sehr genossen hatte – Schule.

Nach dieser Episode war die Menge auf mich niedergeschlagen. Man hatte das Gefühl, dass ich gesiegt hatte, und man hatte das Gefühl, dass kein Rekrut das Recht hatte, über einen Offizier zu triumphieren, egal wie jung oder wie niedrig die Position war. Sogar einem Gefreiten muss man Respekt entgegenbringen, sonst wäre es klar, dass der Dienst zum Teufel gehen würde. Ein Trupp Sergeanten, bei denen ich ohnehin nicht besonders beliebt gewesen war , machte sich daran, mich in Schwierigkeiten zu bringen, und der von ihnen angenommene Plan war herrlich einfach und unkompliziert. Beim Abschied von der *Manege* ist es die Regel, das Putzen des Pferdes zur ersten Pflicht zu machen, obwohl ein alter Soldat an nassen oder schlammigen Tagen die Vorsichtsmaßnahme trifft, zunächst schnell einen öligen Lappen über die polierten Teile der Beschläge des Pferdes zu streichen Beispiel. Dies ist eine arbeitssparende Praxis und wird fast überall befolgt. Aber ich sah, wie einer meiner Feinde mich von der Seite beobachtete, und stürzte mich sofort auf mein Pferd. In zwei Minuten war sein Verbündeter rund.

„Was zum –" (jede kompetente Person, die sich mit dem Leben in der Baracke auskennt, kann die Lücke ausfüllen) „Meinen Sie damit, dass Sie Ihren Zügel und Ihre Steigbügel hier rosten lassen?" Legen Sie sie sofort in Öl.

Nachdem Nummer Zwei diesen Befehl überbracht hatte, ging sie weg, bekleidet mit Flüchen wie mit einem Gewand, und Nummer Eins kam zurück.

in diesem scheußlichen Schaum stehen und zittern lassen?" Ein schönes Geschäft, das die Königin gemacht hat, als sie einen Bob für dich geschenkt hat!'

Diese Form der Beleidigung ist zwar traditionell, aber beim ersten Hören kann sie auf die Nerven gehen. Die Entdeckung, dass es sich nur um eine Formel handelt, raubt ihm die Schärfe. Zurück zum Pferd, um erneut von Nummer Zwei angegriffen zu werden, weil er dem Befehl bezüglich des Zaumzeugs und der Steigbügeleisen nicht Folge geleistet hatte. Zurück zu ihnen und dann die letzte Szene der Komödie, in der ich unter dem Vorwurf, mein Pferd trotz wiederholter Warnungen nicht gepflegt zu haben, direkt in die Schreibstube geführt wurde, um dort vor dem Oberst zu erscheinen.

Ich kochte in seiner Gegenwart vor Wut und prangerte die kleine Verschwörung an. Der Oberst war so etwas wie ein Martinet, aber er war die fleischgewordene Gerechtigkeit. Aus dem Stall wurden Zeugen gerufen; meine Geschichte wurde gut gemacht; und als ich im Vorzimmer stand und meine Futtermütze zurechtrückte, hörte ich den Beginn eines Zungengangs, den diese Unteroffiziere wahrscheinlich nicht vergessen würden.

„Wenn Sie es noch einmal wagen, meine Rekruten zu schikanieren", sagte der Oberst, „werde ich Sie beide zerschlagen." Ich lasse meine Rekruten nicht schikanieren.‘

Ich lächelte darüber; aber einen weiteren Triumph durfte ich nicht genießen. Der Ordonnanzoffizier befahl mir wütend, wegzugehen, und ich ging wieder meiner Pflicht nach. Von dieser Stunde an war natürlich jede Frage des Wohlergehens im Regiment erledigt, und es würde einen ganzen Band erfordern, um die Geschichte der Verschiebungen und Ausweichmanöver zu erzählen, die das Leben unerträglich machten; obwohl diese Geschichte natürlich weder das Schreiben noch das Lesen wert wäre. Die meisten Beamten waren ausnahmslos freundlich und rücksichtsvoll; Aber es gab einen, dem ich nie vergeben habe, bis ich Jahre später erfuhr, dass er tot war. Es war meine Gewohnheit, von ihm zu denken und zu glauben, dass er der dümmste Mensch war, der jemals in irgendeiner Funktion, sei es zivil oder militärisch, auf der Richterbank gesessen hat. Eine umfassendere Erfahrung mit der Welt hat diese Meinung geändert, aber er verdient trotzdem einen Platz in dieser Aufzeichnung.

Er war ein blassgesichtiger Mann mit einem leichten Lispeln; und die Männer verachteten ihn, weil er nicht einmal den Mut hatte, bei einer Kirchenparade mit ihnen fertig zu werden, ohne sich vorher darauf vorzubereiten. Ich war aufgrund einer Allgemeinverfügung geimpft worden und nach einiger Zeit schwoll mein Arm an und schmerzte sehr. Ich blieb so lange ich konnte im Dienst und erschien schließlich bei der Krankenhausparade, um um Entschuldigung zu bitten. Aus irgendeinem Grund war der Arzt abwesend, und da ich seiner Anordnung nicht nachkam, war ich gezwungen, an der Fahrt in der *Manege* teilzunehmen . Es war ein grausamer Morgen und das Feld war bloßes Moor. Wir waren bis zu den Knöpfen unserer Futtermützen bespritzt, und die Pferde waren bis zu den Sattelklappen mit Schlamm beladen. Ich war ziemlich müde und schwach, bevor der Ritt zu Ende war, aber mein armes Tier musste bei der Rückkehr in die Ställe gepflegt werden, und ich musste mich unbedingt an die Arbeit machen. Es war alles nicht gut. Ich hätte genauso gut versuchen können, ihn zu tragen, als ihn zu striegeln, und ich vertrat meinen Fall einem Unteroffizier, der mich sofort hereinbrachte. Ich verbrachte die Nacht in der Wache, gekühlt und nass, und ab und zu wurde es hell – geleitet. Wäre ich im Hauptquartier gewesen, hätte mich der Oberst zweifellos in die Krankenstation geschickt, die für mich der richtige Ort war. Der lispelnde Kapitän schickte mich in die Zellen.

„Ma-an", sagte er mit einer gedehnten Stimme, die das halbe Regiment zu verabscheuen und nachzuahmen pflegte, „was hast du denn zu sagen ?"

Ich erklärte ihm meinen Fall, und während ich das tat, las er etwas, das vor ihm auf dem Tisch lag. Als ich fertig war , sagte er mit seinem heiklen Lispeln: „Sieben Tage Zellen, harte Arbeit ." Der alte Regimentsfeldwebel war zufällig dort und hielt das Urteil für einen Moment fest.

„Ich bitte um Verzeihung, mein Herr, der Mann ist wirklich nicht in der Lage , schwere Arbeit zu leisten ."

„Dann", sagte der Solon, „lass ihm in diesem Fall achtundvierzig Stunden Einzelhaft."

Ich wagte es, so respektvoll wie möglich zu protestieren. Ich habe dargelegt, dass es kaum darum geht, einen Mann dafür zu bestrafen, dass er eine schwere körperliche Aufgabe nicht erfüllt, während er gleichzeitig im Wortlaut des Urteils zugibt, dass er dazu nicht in der Lage ist. Die Antwort war: „Richtig, marschieren!" Ich ging in Zellen. Ich ließ mir die Haare schneiden und verbrachte sechsunddreißig wahnsinnige Stunden allein. Am Ende dieser Zeit wurde mein Zustand gemeldet und ich wurde entfernt; aber von dieser Stunde an war ich mürrisch und rebellisch, und der Geist der Ordnung und Disziplin, der bis dahin in mir gelebt hatte, verschwand völlig.

Vor nur vier Jahren saß ich bei einem denkwürdigen Anlass meines Lebens Seite an Seite mit einem meiner alten Offiziere. Er versicherte mir mit aller Ernsthaftigkeit, dass ich das Regiment hätte auflösen sollen, wenn ich noch viel länger geblieben wäre. Andererseits war ich sicher, dass das Regiment mich aufgelöst hätte; Und obwohl ich am Anfang klug genug und willens war, ein guter Soldat zu sein, war ich zu wütend auf Dummheit und Ungerechtigkeit, als dass ich mich noch länger darum gekümmert hätte, irgendjemandem zu gefallen. Ich kannte einen Mann, der nach sanfter Erziehung plötzlich auf sich allein gestellt war. Er meldete sich mit der vollen Entschlossenheit, aufzusteigen. Als ich vor Jahren das letzte Mal von ihm hörte, hatte er den Brevet-Rang in einem anderen Regiment inne; Aber ich weiß, welche Beleidigungen er ertragen musste, wie zahllosen Beleidigungen er ausgesetzt war und wie hart und grausam ihm der Weg zum Erfolg am Anfang bereitet wurde. Sie sagen mir, dass die Dinge jetzt besser sind, und ich hoffe von ganzem Herzen, dass es so sein wird. Da ich die Dienstgrade kannte , waren sie für jeden gut ausgebildeten Jugendlichen, der die Bereitschaft zeigte, aufzusteigen, nahezu unerträglich.

V

Tausende Menschen erinnern sich an die Aufregung, die vor fünf oder sechs Jahren durch die Geschichte des vermissten Journalisten ausgelöst wurde. Viele Menschen schätzen noch immer die Erinnerung an den armen MacNeill und betrachten ihn als einen der fröhlichsten, freundlichsten und hilfsbereitesten Menschen überhaupt. Er war ein entzückender Kerl und ein guter Kerl; aber er hatte eine gewisse ausgelassene Übertreibung, die seine Freunde manchmal dazu brachte, ihn auszulachen. Soweit ich weiß, hatte er in seinem überschwänglichen, freundlichen und tadellosen Leben keinen Feind und verdiente ihn auch nicht.

Eines Tages stürmte er in den Savage Club, als ich zufällig alleine dort war. Er war ungewöhnlich strahlend und selbstsicher, und „Endlich, endlich“, sagte er, „habe ich meinen Fuß im Nacken dieses großen London!“ Der triumphale Satz hat mich in diesem Moment zum Nachdenken gebracht und hat mich seitdem oft an die Zeit erinnert, als dieses große London seinen Fuß auf mich gesetzt hatte: Eine Sache von beiden, von der ich fürchte, dass sie in der Erfahrung viel wahrscheinlicher passiert Jeder junge Anwärter auf literarische Auszeichnungen , wenn er weder Freunde noch Geld hat, das ihn unterstützt, und von vornherein keinen guten Ruf hat.

Ich kam kurz nach der Eröffnung der Parlamentssitzung im Jahr 1872 nach London, zu einer Zeit, als jeder Winkel und jede Ecke des journalistischen Arbeitsraums gefüllt war und die Türen, wie es in solchen Jahreszeiten immer der Fall ist, von Dutzenden belagert waren von Außenstehenden, die gerne einen Blick auf die guten Dinge werfen wollen. Ich weiß jetzt nicht mehr genau, wie es dazu kam, aber ich wohnte in einer heruntergekommenen Karawanserei in der Bouverie Street, einem erstaunlich schmutzigen und verrufenen Hotel namens „Sussex“. Es ist jetzt geschlossen und auf seinem Gelände befinden sich die erweiterten Büros der *Daily News* . Aber zu seiner Zeit war es die Heimat der schäbigsten Vornehmheit, die unter einem Dach in London zu finden war. Betten waren dort für drei und sechs Pence zu haben . Ich kann mich an keine Vereinbarung für Mahlzeiten erinnern und habe die Einrichtung selbst auch nie auf diese Weise belästigt. Die Wäsche sah aus, als wäre sie in Erbsensuppe gewaschen und im Kamin getrocknet worden, und das gesamte Erscheinungsbild des Hauses und seiner *Kundschaft* war heruntergekommen und bis aufs Äußerste vernachlässigt. Papier, Stift und Tinte sind billig genug, und ich saß den ganzen Tag in meinem Schlafzimmer, ohne Feuer im Winterwetter, in einen Ulster gehüllt und mit einer Bettdecke um die Knie, und schrieb für mein nacktes Leben. Ich schrieb ernste und fröhliche Verse, Sonderartikel, Leitartikel und Leitartikel. Diese wurden an allen möglichen und unwahrscheinlichen Orten abgegeben und kamen wieder zurück, wie die Flüche und die Hühner und der schlechte Groschen in den Sprichwörtern.

Ich ernährte mich wochenlang von hartgeschliffenen Brötchen und dicker Schokolade, die ich mir in einem italienischen Restaurant auf der gegenüberliegenden Seite der Fleet Street besorgt hatte, und fühlte mich mit dieser einfachen Diät bewundernswert gesund. Ab und zu schrieb ich an Freunde auf dem Land, verschleierte meinen Nachlass und erzählte ihnen, woran ich arbeitete, ohne zu verraten, was aus der Arbeit wurde, als sie fertig war. Einer meiner Korrespondenten empfahl mir, mein Quartier in einem Hotel in diesem Teil Londons zu beziehen, und empfahl mir, es mit einer günstigeren Unterkunft zu versuchen. Solange ich nicht etwas Normales hatte, auf das ich mich verlassen konnte, sei es absurd, sich auf eine solche Extravaganz einzulassen, wurde mir gesagt. Ich musste oft darüber nachdenken, wie viele Hunderte Männer, die für den intellektuellen Bereich besser gerüstet waren als ich, so mutig, so entschlossen und voller Hoffnung, in dem einsamen und bitteren Meer der Armut untergegangen sind, in dem ich trieb diese Tage. Meine Ausgaben für das Frühstück von drei Pence plus einem halben Penny für den Kellner sicherten mir einen Blick in die Tageszeitungen, und jeden Morgen ging ich zurück in dieses scheußliche Schlafzimmer, um an meinem Frisiertisch zu schreiben, was das Ministerium anprangerte, oder mich daran zu halten Die Öffentlichkeit verachtete einen unbezahlten Friedensrichter, der einem hungrigen Arbeiter sechs Monate Zeit gegeben hatte, weil er Rüben im Wert von zwei Pennys gestohlen hatte. In dieser zugigen Mansarde habe ich zahlloses Unrecht auf dem Papier wiedergutgemacht; Aber daraus wurde nichts. Es hat keinen Sinn, die Geschichte dieser Zeit zu genau zu erzählen. Am Anfang war es schon schlimm genug, und schließlich wurde es so schlimm, wie es nur sein konnte. Dieser zuvorkommende Onkel, der deine Tante wird, wenn du den Ärmelkanal überquerst, war eine Zeit lang nützlich. Aber schließlich gab es nichts mehr, was er annehmen oder mir anbieten konnte, und ich war mit aller Macht allein in London.

Tausende wohlhabende Menschen ertragen jedes Jahr Entbehrungen und Unannehmlichkeiten aus reinem Vergnügen. In meinen Wahlkampftagen lebte ich sieben Wochen lang von Schwarzbrot, Zwiebeln und schmutzigem Wasser und steigerte diese erfreuliche Bilanz durch vier Tage völligen Hungersnot. Aber ich hatte eine Tasche voll Geld, obwohl ich damit nichts kaufen konnte, und Ich hatte treue Kameraden, und wir marschierten mit der Gewissheit weiter, dass es reichlich geben würde. Es ließ sich alles leicht ertragen, und hin und wieder kam es trotzdem zu Ausbrüchen ausgelassener Heiterkeit. Das bloße körperliche Leiden der Entbehrung macht nicht ein Tausendstel ihres Schmerzes aus. Das Gefühl der Einsamkeit, der Niederlage, der unverdienten Vernachlässigung; die blinde Rebellion gegen die Ungleichheit, mit der die Chancen der Welt verteilt sind; das ohnmächtige Machtgefühl, das kein Ventil findet – das sind die Dinge, die die Armut bitter machen. Aber es blieb mir nichts anderes übrig, und ich beschäftigte mich mit *la vie en plein air*.

Mein Lieblingszimmer im Hotel of the Beautiful Star war in den Stunden der Dunkelheit das Themseufer. Seitdem habe ich viele Jahre in London verbracht und muss den Boom von Big Ben und das eintönige Glockenspiel, das ihm vorausgeht, viele tausend Male gehört haben. Selten haben sie ein aufmerksames Ohr gegrüßt, ohne eine Erinnerung an den stehlenden Fluss (ganz stumpfer Glanz und tiefer Schatten), die Lichter auf den Brücken, das schwache Rauschen des fernen Verkehrs, den düster am Himmel aufragenden Schrotturm, das Bude -Licht, das vom Turm des Parlamentspalastes aufflackert, die schmutzigen Obdachlosen, die auf den Bänken zusammengedrängt sind, das feierliche Trampeln des Schälers und der Blitz des Bullseye-Lichts, das die durchgefrorenen und steifen Schläfer weckt. Es gibt einen gewissen Geruch des Thames Embankment, den ich überall erkennen sollte . Ich habe es oft erlebt und es bringt die Szene so plötzlich und lebendig zurück wie das Glockenspiel selbst.

Im Hôtel de la Belle Etoile gibt es viel Bewegungsfreiheit und Wasser gibt es in ausreichender Menge; aber ansonsten ist die Versorgung, die es bietet , dürftig und trostlos. Ich verbrachte vier Tage und Nächte darin und war am Rande der Verzweiflung, als mich etwas, das wie ein bloßer Zufall aussah, rettete. Angenommen, ich wäre nicht die Fleet Street entlanggegangen; Angenommen, ich hätte nicht angehalten, um die kleinen Korkkugeln in Lipscombes Fenster zu betrachten, die so traurig ein Symbol für meinen eigenen Zustand sind; Angenommen, der unerwartet gutherzige Freund wäre nicht vorbeigekommen und hätte mir auf die Schulter geklopft, was wäre passiert? *Quien sabe?* Das sind die geringen Chancen des Lebens, die einen manchmal innehalten lassen. Er kam jedoch, der unerwartet hilfsbereite Freund.

Es war John Lovel, der damalige Manager der Press Association. Seitdem habe ich Grund zu der Annahme, dass er mich vom ersten Moment unserer Begegnung an absichtlich getäuscht hat und dass er sich später am Tag eines Plagiats schuldig gemacht hat. Wenn die Täuschung immer so freundlich und arglos wäre, würde die Lüge zur höchsten menschlichen Tugend werden; und wenn Plagiate immer einen so großzügigen Scherz verdecken würden, würde der Plagiator zu den beliebtesten Männern der Welt gehören.

War ich beschäftigt? er hat gefragt. War ich zu beschäftigt, um für ihn eine sehr dringende Arbeit zu erledigen, die er gerade vor sich hatte? Ich bemühte mich, nicht zu überheblich zu wirken, und sagte ihm, dass ich ihm voll und ganz zur Seite stünde. Er sagte (ich glaube, das war das Erste, was ihm einfiel), dass morgen der Jahrestag des Geburtstages von Christoph Kolumbus sei. Er wollte einen Artikel über dieses Ereignis für eine Landeszeitung und hatte keine Zeit, ihn zu schreiben. Er wollte keine Daten, keine historischen Fakten, sondern einfach – „eine gute, klappernde Meersalz-Kolumne mit teerigen Hosen." Der Lohn betrug ein paar Guineen; und wenn ich ihn so weit verpflichten könnte, dass er ihm den Artikel an diesem Morgen überlässt, könnte er dafür Geld sparen.

Ich schrieb den Artikel im Reporterzimmer der PA und schickte ihn an den Chef. Als Gegenleistung erhielt ich eine Pillendose, auf deren Oberseite stand: „Das Rezept muss sofort eingenommen werden." Ich fand in der Pillendose zwei Souveräne und zwei Schilling, eingewickelt in Watte, und machte mich mit dem ersten Geld, das ich jemals in London verdient hatte, auf den Weg zu einer ordentlichen Mahlzeit. Später fand ich heraus, dass das Datum nicht annähernd mit dem Geburtstag von Christoph Kolumbus übereinstimmte; und soweit ich weiß, wurde der Artikel, den ich geschrieben hatte, nie verwendet. Ich erzählte die Geschichte Jahre später, als mir jemand mitteilte, dass das Rezept oben auf der Pillendose von Thackeray stammte. Ich war sehr zufrieden, das zu entdecken, und ich glaube auch nicht, dass es dem armen Lovel etwas ausgemacht hätte. Er hat vor einiger Zeit die Schuld der Natur beglichen, und als er diese Welt verließ, erinnerte er sich an mehr als eine gute Tat, um ihm den Abschied zu versüßen.

Ich ging zurück in dieses grausame Gasthaus und schrieb einen Artikel über „Das mittellose Leben in London". Es erschien im *Gentleman's Magazine* , wurde dann von den Herren Grant & Co. und unter der Herausgeberschaft meines alten Freundes Richard Gowing veröffentlicht . Der Artikel war nicht weit davon entfernt, autobiografisch zu sein. Ich glaube – aber ich bin mir nicht ganz sicher –, dass ich dafür sechzehn Guineen bekommen habe. Ich weiß, dass es mich auf die Beine gestellt hat und dass jede Bekanntschaft, die ich seitdem mit dem Themse-Ufer gemacht habe, rein freiwillig war.

Armut macht einen Mann mit seltsamen Bettgenossen bekannt; und ich machte am Ufer der Themse ein oder zwei seltsame Bekanntschaften und entwickelte eine Vorliebe dafür, unter den Armen herumzustreunen , was ein oder zwei Jahre anhielt und sich seitdem als nicht geringer Nutzen erwiesen hat. Slumming war zu dieser Tageszeit noch keine Mode geworden; Aber ich hatte nie das Ziel, in der Mode zu sein, und ich habe viel davon getan. Durch die freundliche Vermittlung von Archibald Forbes fand ich eine Einführung in die Zeitschrift *World* und schrieb auf Edmund Yates' Veranlassung darin eine Reihe von Artikeln unter dem Titel „Unsere Zivilisation ", in denen ich alle seltsamen und malerischen Besonderheiten der Menschheit aufgriff in London finden konnte.

Ich traf viele Menschen, die man nur sehr schwer beschreiben und die man nicht karikieren konnte. Unter ihnen war ein Straßenkünstler, der in Gee's Court an der Oxford Street lebte – ein wertloser, betrunkener und anmaßender Schurke, der ernsthaft glaubte, der am meisten vernachlässigte geniale Mann in London zu sein. Ich beauftragte ihn, das, was er seinen *Chief de Hover* nannte, auf Pappe zu wiederholen , und zahlte ihm dafür eine halbe Krone. Er nannte dieses Werk „Das angegriffene Wachschiff". Es stellte ein Totes Meer aus Reckitts Blau dar, in dem zwei unmögliche Schiffe fest eingeklemmt waren, jedes mit der Breitseite auf den Betrachter gerichtet. Aus den Bullaugen eines jeden strömten kleine zinnoberrote Streifen und Rauchwolken wie Pillen. Der Künstler freute sich über dieses Werk und war bereit, wie ein anderer Pietro Vanucci Kritik daran zu verübeln . Er sagte mir, dass er nicht geschätzt wurde; dass er ein Mann von höchstem Talent war und nur durch die kleinlichsten und schäbigsten Eifersüchteleien von den großen Theatern ferngehalten wurde, wo er als Bühnenmaler hätte glänzen können. Ich weiß nicht, woher er den Satz hatte, aber er hatte etwas über die Auflösung der grauen Substanz des Gehirns zu sagen, und er kam gern darauf zurück, solange ich ihm erlaubte, mit mir zu reden. Seine künstlerische Arbeit und seine künstlerischen Erfindungen lösten die graue Substanz seines *Gehirns auf* . Alles, was er verlangte, war ein faires Feld und keinen Gefallen . Wenn ich ihm drei Pfund zehn geben würde, könnte er eine Staffelei, eine Leinwand und einen Satz Malwerkzeuge kaufen und würde sofort damit beginnen, der Royal Academy zu zeigen, was ich zu diesem Zeitpunkt gut kann, aber noch nicht ganz kann wohlhabend genug, um ein solches Experiment zu wagen. Das Amüsanteste, was dieser Vagabund sagte, war, als er in meinem Zimmer die Malmaterialien und Skizzen eines Künstlerfreundes fand, mit dem ich damals gut befreundet war. Als er die Skizzen umblätterte, rümpfte er mit unendlicher Verachtung die Nase und sagte mit entzückender gönnerhafter Miene: „Ich verstehe, ich verstehe. " Ein Bruder des Pinsels.' Auf seiner Reise von Gee's Court in den Norden Londons brachte er einen unglaublichen Ghul von Mann mit, eine Kreatur, deren Gesicht von einem riesigen Bart voller Ungeziefer verdeckt war. Er schien ein weiterer vernachlässigter genialer Mann zu sein; aber ich lehnte es ab, ihm vorgestellt zu werden. Ich habe jedoch die Adresse des Künstlers nachgeschlagen und seine Nachbarschaft ziemlich gut kennengelernt . Boulter's Rents in meinem ersten Roman „A Life's Atonement" stammte aus Gee's Court.

Ich fand, dass das Bild in gewissem Maße dem damaligen Zustand ähnelte; Aber ich hatte nie das Herz – oder den Mut –, Realist zu sein. So schwach ich es auch gewagt hatte, es zu malen, ich musste es in der Fantasie neu formen, bevor das Buch fertig war. Der ursprüngliche Horror steht da, ziemlich unverändert; Ich wage jedoch zu behaupten, dass die Wände ein oder zwei Anstriche stärker getüncht wurden als zu der Zeit, als ich mit ihnen vertraut war.

Ich habe für diesen Ort in einem ausführlichen Protokoll eine Geschichte festgehalten, die in meiner letzten Arbeit hätte erzählt werden können. Als ich die Kaserne von Ballincollig verließ und mich von den Diensten Ihrer Majestät verabschiedete, hatte ich eine Begegnung mit einem meiner Unteroffiziersfeinde. Ich hatte meinen Urlaub in der Tasche und meine Entlassung sollte mir per Post folgen. Ich war in Zivil und rauchte eine Zigarre am Kasernentor. Mein Feind salutierte, bevor er Zeit hatte, mich zu erkennen , und dann, als er sah, wem er diese Ehrerbietung erwiesen hatte, stand er eine Minute lang beschämt vor sich selbst da und explodierte dann. Ihm fiel nichts Besseres ein, als mir zu befehlen, meine Zigarre auszumachen. Ich weigerte mich zu gehorchen, da ich mich nur wenige Meter außerhalb der Magazingrenze befand, innerhalb derer das Rauchen natürlich verboten war, und ich teilte dem Sergeant meine Meinung mit. Mit neunzehn ist man um einiges vehementer, als man es in den Fünfzigern wird, und ich habe meinem Sergeant ein schreckliches Versprechen gemacht. Ich sagte ihm, dass er sich mir gegenüber wie ein absoluter Rohling verhalten hatte, und ich verpflichtete mich, ihm eine Züchtigung aufzuerlegen, die uns beiden reichlich entschädigen sollte, falls ich ihn jemals im bürgerlichen Leben treffen sollte. Ich habe ihn dreizehn Jahre lang nie wieder getroffen, und als ich gegen ihn antrat, befand ich mich in einem schlechten Zustand. Er arbeitete als Kommissionär in einer großen Fabrik im East End, und als ich ihn ansprach, hatte er keine Ahnung, wer ich war. Ich trug einen Bart und hatte mir angewöhnt, eine Brille zu tragen, und falls ich jemals kriegerisch ausgesehen hatte, hatte ich diesen Aspekt schon vor langer Zeit verloren. Ich fragte ihn, ob er Sergeant sei. Das gab er sofort zu. Er hatte im vierten Royal Irish gedient?

„Siebzehn Jahre, Sir; aber ich erinnere mich nicht an dich.'

Ich erinnerte ihn daran, dass er im Jahr 1965 in Cahir und 1966 in Ballincollig einquartiert worden war. Er gab das durchaus bereitwillig zu und schien interessiert zu sein. Erinnerte er sich an einen Rekruten mit dem Spitznamen „Oxford"? Er glaubte sich an diesen Rekruten zu erinnern und wurde zusehends blass. Er war nicht mehr der tapfere Kerl, der er einmal gewesen war, sondern wirkte gebeugt, als sei er von vorzeitigem Alter gebeugt. Ich fragte ihn, warum er sein Regiment verlassen habe.

„Hernie, Sir; Leistenbruch und Lungenschwindsucht",

Ich hatte diesem Mann vor dreizehn Jahren eine Strafe versprochen, und vor dreizehn Jahren bin ich davon überzeugt, dass er es voll und ganz verdient hatte, und ich bin ganz sicher, dass es ihm gut getan hätte. Es ist sehr wahrscheinlich, dass ich es ihm damals nicht hätte geben können; Aber jetzt, mit einem blühenden Mannesalter auf meiner Seite und einem Leistenbruch und einer Lungenentzündung auf seiner Seite, hätte die Aufgabe einfach sein müssen. Aber die Ereignisse von 1965/66 schienen 1978 noch in weiter Ferne zu liegen; und irgendwie schien es sich kaum zu lohnen, seine Identität preiszugeben. Also bekam der Sergeant eine halbe Krone und blieb mit einem kleinen Rätsel zurück, um seine Freizeit zu verbringen.

VI

Ich habe viel von der Funktionsweise des englischen Armenrechts gesehen und gelernt, einige entscheidende Meinungen darüber zu haben. Seit ich überhaupt mit ihm vertraut war, kam es mir immer so vor, als hätte es darauf aufbauen können Der Zweck besteht darin, die freie Handlungsfähigkeit ehrlicher Arbeit einzuschränken und müßigem Vagabundieren eine Prämie aufzuerlegen. Ich beschloss vor vierzehn oder fünfzehn Jahren, das System an mir selbst auf die Probe zu stellen und um meiner selbst willen mit den Chancen zugunsten der Institution zu beginnen. Mein Glaube war und ist, dass kein gesetzestreuer Mann unter den Bestimmungen des Armengesetzes auf der Suche nach Arbeit durch England reisen kann, ohne seine Gesundheit und sogar sein Leben zu gefährden, während jeder wertlose und arbeitslose Faulenzer durch seine Bestimmungen über die Runden kommen kann einigermaßen angenehmes Auskommen.

Ich besorgte mir einen schäbigen Anzug, schickte einen Koffer an den Ort, an dem ich meine Reise beenden wollte, und trug im Futter meines Hutes eine Zahlungsanweisung über diesen Betrag bei mir, nachdem ich im Voraus einen Zehn-Pfund-Schein aufgegeben hatte. So versorgt und mit einem Schilling in der Tasche machte ich mich auf den Weg zum Geld. Ich war David Vane, Komponist, und mein Ziel war es, herauszufinden, ob David beim besten Willen der Welt unter den Bestimmungen des Armengesetzes leben könnte, ohne in die Maschen des Polizeinetzes zu geraten. Ich gab ihm sieben Wochen davon, und durchwanderte die Hälfte der südlichen, mittleren und westlichen Grafschaften; Gelegentlich ruhte er sich in einer billigen Herberge aus, wenn ihm die Kost im Arbeitshaus zu viel wurde.

Wann; Ich kam in eine Stadt, wo mein Geld auf einem Postamt lag, ich zog ein oder zwei Schilling ab und schickte den Großteil weiter; aber während der ganzen sieben Wochen habe ich meinen Schatz nur im Umfang von fünfzig Schilling übertreten. Ohne diesen Schatz oder ohne einen Gesetzesverstoß wäre mein imaginärer Komponist mit Sicherheit gestorben. Hin und wieder sehe ich in den Zeitungen eine sporadische Korrespondenz über die Behandlung von Landstreichern, über die Nahrung, die sie erhalten, die Stunden ihrer Inhaftierung und die Menge an Arbeit, die sie leisten müssen . Ich stelle fest, dass die Vorsitzenden der Vormundschaftsräte mit dem aktuellen Stand der Dinge durchaus zufrieden sind. In den Zeitungen treffe ich auf Herren, die schon einmal Arbeitshausküche und Suppe probiert haben , sie mögen und sie für gut zubereitet und nahrhaft halten. Ich treffe andere, die meinen, dass die Schlafgelegenheiten gut, das Brot ausgezeichnet und die Arbeitsleistung nicht mehr als einigermaßen ausreichend sei. Ich würde mir nichts Besseres wünschen, als zu sehen, wie diese leicht zufriedenen Herren jeweils einen siebten Teil meiner persönlichen Erfahrung genießen.

Ich kann sofort sagen, dass meine Aufzeichnungen über diese Reise vor Jahren zerstört wurden und dass ich nicht mit absoluter Sicherheit sagen kann, an welchen Orten bestimmte Dinge passiert sind. Meine Erfahrungen wurden damals in Frage gestellt, und die Herausforderer hatten wenig Nutzen daraus, dass sie meine Aussagen leugneten. Ich hatte gehofft, dass mein Quixotic-Unternehmen ein gutes Ergebnis haben würde, aber an dem absurden alten System hat sich nichts geändert.

Auf einer grünen Gasse in Oxfordshire traf ich auf meinen ersten Reisebegleiter. Er war ein Mann von etwa sechzig Jahren, ein anständig aussehender alter Mann und, wie ich herausfand, als ich mit ihm ins Gespräch kam, von Beruf Schneider. Er hatte angehalten, um seine Füße in einem kleinen Bach zu baden, der von einem einzelnen Bogen aus bemoostem Mauerwerk überspannt war, und während er seine Füße im Bach abkühlte, rieb er seine Baumwollsocken mit einem Stück gelber Seife von der Größe einer halben Krone ein. Er war höflich und gesprächsbereit; aber er war sehr niedergeschlagen. Er zeigte mir seine Finger, deren Spitzen rau und mit Teer verschmiert waren.

„Das ist die Arbeit heute Morgen ", sagte er. Er gab dem Arbeitshaus, in dem er übernachtet hatte, einen Namen. „Das hat mich davon abgehalten, noch eine Woche lang meinen Lebensunterhalt zu verdienen." Ein Mann kann nicht nähen, solange seine Finger in diesem Zustand sind. Steinschlag ist schon schlimm genug; Aber wenn es ums Eichenpflücken geht, ist für eine Weile Arbeit angesagt. „Gestern Abend war noch ein anderer Kerl da", fuhr er fort, da ich eigentlich davon ausgehen sollte, dass es ihm schlechter geht als mir. Er ist Uhrmacher. Er war sehr hübsch und ordentlich gekleidet und hatte heute Morgen einen Job in der Stadt. Er bettelte heftig darum, entlassen zu werden, und bot an, für die Übernachtung zu zahlen, wenn sie es ihm erlauben würden. Sie hielten ihn jedoch daran fest , und er tat seine Arbeit, „hätte sie aber nicht getan", schlussfolgerte er. „Ich wäre zuerst vor die Bank gegangen; Allerdings ist das in diesen „eher ländlichen Gegenden" meistens nicht gut.

Diese Enthüllung interessierte mich, da ich selbst vorläufig einem der leichtfüßigeren Berufe angehörte. Für einen Komponisten wäre es ungefähr so einfach, frisch vom Eichenpflücken seinen Lebensunterhalt zu verdienen, wie für einen Schneider oder Uhrmacher; und ich beschloss, wenn mir diese Aufgabe gestellt würde, mein Handwerk zu vertreten und zu sehen, was daraus wurde, musste ich nicht länger als am nächsten Morgen warten; aber als das Werk herausgegeben wurde, erschien es meinem unwissenden Auge so unbedeutend, dass ich es unterließ, mich darüber zu beschweren. Ein Stück altes geteertes Seil, sechs bis sieben Zoll lang und anderthalb Zoll im Durchmesser, musste zwischen sieben Uhr morgens und elf Uhr morgens zu feinem Eichenholz gepflückt werden. Das Geschäft sah alles andere als beeindruckend aus, und ich begann es mit leichtem Herzen.

Die erfahrenen Männer begannen damit, die Enden ihrer Strähnen auf den Steinboden zu hämmern, und ich folgte ihrem Beispiel und machte, nachdem ich die Fingerspitzen festgehalten hatte, mit der Arbeit weiter. Ich kann sagen, dass ein Mann mit zarten Fingern, solange er sich nicht an dieser Beschäftigung versucht hat, keine Vorstellung davon haben kann, wie langwierig und unerträglich das Elend ist. Es nützt nichts, ungeduldig zu sein, denn wenn man versucht, zu schnell zu fahren, reißt man sich nur Daumen und Finger ab. Die einzige Chance ist Geduld, und das ist keine leichte Sache. Die alten Hasen, die schon seit Jahren davon lebten, kamen recht gut zurecht und waren dankbar, dass sie keine Steine brechen mussten. Die neuen Männer fluchten und murrten und häuteten ihre Finger. Das Ergebnis meiner eigenen Erfahrung war, dass David Vane, der Komponist, für gut zwei Wochen keine Chance mehr hatte, seinen Lebensunterhalt mit seinem legitimen Beruf zu verdienen. Die von der Arbeitskraft bezahlte Unterkunft bestand alles in allem in einem Stück trockenem Brot – Gewicht Ich würde sagen, ungefähr vier Unzen; ein Pint Stirabout aus indischem Mehl, gewürzt mit Ruß; und ein besonders schmutziges und wenig einladendes Bett. Nachdem das britische Armengesetz dem harmlosen Arbeiter diese Wohltaten gewährt hat, besteht es im Gegenzug darauf, dass er zu einem hoffnungslosen Armen wird, indem es ihm sein Handwerk stiehlt.

Später im Laufe meines Tramps habe ich es ziemlich oft versucht, Steine zu brechen, und fand, dass es eine viel weniger schmerzhafte Beschäftigung war. Der Umgang mit Cricketschlägern und Skulls verhärtet die Handfläche, während die Fingerspitzen ungeschützt bleiben. Aber obwohl ich zum Zeitpunkt meines Ausflugs frisch vom Leben auf dem Fluss war, brauchte ich einige Zeit, um mich an diese neue Beschäftigung zu gewöhnen, und Steinbrechen allein wäre natürlich für jeden Mann, der Leichtigkeit und Leichtigkeit brauchte, für seine Arbeit ungeeignet Stabilität der Hand. Arbeit und Unterbringung waren sehr unterschiedlich. An ein oder zwei Orten bekamen wir abends gutes Brot, morgens gute Brühe und ein Bett zum Schlafen, das, wie ich vermute, der durchschnittliche Landstreicher fast luxuriös finden würde. Die Bettwäsche war grob, wie es sich gehörte, aber sie war sauber; und das Essen war zwar spärlich und einfach, aber gesund und nahrhaft. Ich erinnere mich, dass das Brot an einer Stelle tatsächlich stank und die hungrigsten Menschen der hungrigen Menge es nicht aßen. Die am nächsten Morgen servierte Brühe bestand aus nichts mehr und nicht weniger als dem Wasser, in dem der Speck gekocht worden war. Die Betten waren Zwinger. Eine lange Holzbank war durch aufrechte Bretter in Fächer unterteilt; In jeder Nische wurde eine Menge schmutziges Stroh ausgebreitet, das, wie es aussah, bereits in einem Stall gedient haben könnte, und mit schmutzigen Säcken bedeckt, die den Namen eines örtlichen Müllers trugen. Mehrere dieser Säcke dienten, aufgeschnitten und zusammengenäht, als Bettdecke.

„Ich habe von diesem Ort gehört ", sagte mein Nachbar , als der arbeitsfähige arme Mann, der uns beaufsichtigte, uns in diese abscheuliche Kammer gebracht hatte, „und ich wäre verdammt gut drauf, eine Lampe oder einen Summat zu zerschlagen und hineinzurennen." Statt hierher zu kommen . „Wenn ich die Wahrheit darüber gewusst hätte , hätte ich es getan."

Dies war der schlimmste und bei weitem schlimmste Ort, den ich gesehen habe. Tatsächlich habe ich nichts Vergleichbares getroffen. Mir ist damals in meiner Beschreibung ein kleiner Fehler unterlaufen. Mit einem Federstrich habe ich den Schuppen, in dem die Gelegenheitsarmen untergebracht waren, als einen Schuppen an der Außenwand des Arbeitshausgeländes dargestellt. Dies reichte in den Augen der Vormünder aus, um mich durch ihren Vorsitzenden als Lügner zu beschuldigen, und galt als triumphaler Beweis dafür, dass ich nie dort gewesen war, obwohl ich bei ihnen „David Vane, Verfasser" bewies Bücher und auf denen der beiden benachbarten Arbeitshäuser.

In einigen ländlichen Orten gingen wir direkt zum ablösenden Beamten, der uns unsere Tickets für die Nacht gab. An anderen Orten mit größerer Bevölkerungszahl durften wir bis zur für die Verteilung festgesetzten Stunde vor dem Polizeirevier herumlungern. Sobald wir das Arbeitshaus betraten, waren wir bis mindestens elf Uhr am nächsten Morgen Gefangene, unabhängig davon, ob die Steine zerbrochen waren oder nicht, oder ob die Seilstränge zu Eichenholz verarbeitet waren oder nicht. In Abwesenheit wurden gelegentlich Männer festgenommen, um sie vor die Richterbank zu bringen; aber was aus ihnen wurde, hatte ich nie zu erfahren, abgesehen von den Erfahrungen meiner Reisegefährten, die die Strafe auf sieben oder vierzehn Tage schätzten. Viele von ihnen hatten Gefängniserfahrungen , und ich muss zugeben, dass es nur wenige anständige Leute auf Landstreichern gab. Aber der eine oder andere ehrliche Mechaniker oder Facharbeiter auf der Suche nach einer Anstellung war schwer zu besiegen.

Ich traf zwei Druckergesellen, von denen einer, der drei Pence für ein Bett außerhalb des Arbeitshauses hatte, eine Anstellung in der Stadt Gloucester finden konnte; während der andere, da er nicht vor elf von Durance wegkommen konnte, im Regen stehen blieb. Ich traf andere Männer, die, um dieser absurden Gefangenschaft zu entkommen, auf den Feldern schliefen und so auf der anderen Seite lieber die Freiheit riskierten, als den frühen Arbeitsmarkt zu verpassen ; denn auf den Feldern zu schlafen ist ein strafbares Vergehen. Warum das so sein sollte, weiß nur der Himmel, wenn nichts anderes gegen einen Menschen beweisbar ist. In der Straßensprache heißt „im Freien schlafen" „Skipper" und im Arbeitshaus zu schlafen bedeutet „auf dem Spieß" zu gehen. Bei schönem Wetter war es eine häufige Frage: „Skipper oder Spike heute Abend?" Der gewohnheitsmäßige Faulenzer entschied sich ausnahmslos für den Spike. Der Mann, der Geschäfte hatte und klarkommen wollte, wählte den Kapitän, obwohl er dadurch zwei Mahlzeiten verlor.

Das Gesetz, das die Hände des Facharbeiters ruiniert und Fachkräfte und Ungelernte gleichermaßen festhält, bis der Arbeitsmarkt für sie geschlossen wird, liefert eine Diät, die jeden außer einem professionellen Fastenden in einem Monat töten würde, und hat ein scharfes Auge darauf Betteln. Es ist wie die Sonne, mit einem Unterschied: Es sieht bei den Gerechten und den Ungerechten gleich aus. Das Unheil ist, es dient dem Trost der Wertlosen und ist die Plage derer, die es verdienen. Es gibt lockere Aufsichtsräte, lockere Arbeitshausmeister und Arbeitsmeister , die nicht auf der von anderen geforderten Arbeitsgeschichte bestehen. Die alten Hasen kennen die einfachen Orte und geben ihnen eine natürliche Vorliebe.

Der einzige Ort des Schreckens auf meiner Linie war Gloucester. Die Wächter der Gloucester Union hatten sich vorgenommen, den Gelegenheitsarmen zu töten, und beschlossen, ihm die Arbeit zu schwer zu machen, weil ihnen das Mittel am besten zur Verfügung stand. Ich wurde so eindringlich vor Gloucester gewarnt, dass ich dorthin ging, um selbst zu sehen, wie es dort war. Das Haus selbst war ordentlich und sauber und die Disziplin so streng wie in einem Gefängnis . Das Einzige, was es von anderen Orten seiner Art unterschied, war die Schwere der auferlegten Arbeit .

Die Arbeitsgrenzen sind gesetzlich festgelegt. Es gibt so und so ein Gewicht an Eichenholz, das gepflückt werden muss, oder so ein Gewicht an Stein, das gebrochen werden muss; aber die guten Wächter von Gloucester machten die Arbeit doppelt so schwer wie in anderen Häusern als ihrem eigenen, ohne auch nur im Geringsten gegen die Bestimmungen des Poor Law Board zu verstoßen. Vor jedem Gelegenheitsarmen wurde die vorgeschriebene Menge Stein platziert – es war die schwierigste Menge, die ich auf meiner Pilgerreise in Angriff genommen habe –, und hinter dem morgendlichen Stint wurde ein Sieb aufgestellt, durch das jedes Atom des Steins geleitet werden musste, bevor die Arbeit beendet war und der Wanderer durfte sich wieder auf den Weg machen. Es war nicht meine Aufgabe, widerspenstig zu sein, und ich hämmerte mit dem Eifer, den ich aufbringen konnte, daran herum; aber ich brauchte sechs Stunden, um die Arbeitsgeschichte durchzuarbeiten. Als ich meine eigene Entlassung verdient hatte, ließ ich eine Handvoll Unglücklicher zurück, die ihre Entlassung noch nicht abgeschlossen hatten. Sie waren alle ungewohnt und unerfahren, sonst wären sie nicht in Gloucester gewesen. Ob diese charmante Westernstadt ihren Ruf bis heute behält, weiß ich nicht; aber die Wächter fanden ihr System so erfolgreich, dass sie sich wahrscheinlich daran gehalten haben. Ich hatte vergessen, eine Tatsache zu erwähnen, die allen Arbeitshäusern gemeinsam ist. Der Gelegenheitslandstreicher frühstückt, wenn er seine Arbeit getan hat, aber nicht vorher.

Anspruchsvolle private Kritiker meiner Romane haben bemerkt, wie viel Kapital ich aus diesem seltsamen Abenteuer gemacht habe. In „A Life's Atonement" macht sich Frank Fairholt auf den Weg und versucht, sich inmitten der Hinterlassenschaften der Armen zu verstecken, nachdem er versehentlich einen Mord begangen hat. In „Joseph's Coat" macht sich der junge George auf den Weg und schleicht von Gelegenheitsstation zu Gelegenheitsstation, bis er sie trifft Ethel Donne in Wreath-dale. In „Val Strange" eröffnet Hiram Search on Tramp die Geschichte; und durch Spike und Skipper brachte John Jones von Seven Dials seiner Liebsten in „Skeleton Keys" das Glück. Ich gebe die Amtsenthebung voll und ganz zu und bin in der Tat nicht abgeneigt, damit zu prahlen. Vielleicht sind nur wenige Romanautoren in ihren Fakten so nah an der Natur angelangt.

Ich habe auf diesem Landstreicher mehr queere Menschen getroffen und mehr queere Abenteuer erlebt, als ich jemals eine literarische Verwendung dafür finden konnte. Ein erstaunlicher Vagabund mit einem Schnurrbart stellte sich mir als professioneller Deserteur vor, nachdem ich einen Weg gefunden hatte, sein Vertrauen zu gewinnen. Er hatte sich in jedem Milizregiment des Landes und in der Hälfte der Linienregimenter gemeldet. Als er sich die erste Rate seines Kopfgeldes gesichert hatte, machte er einen Riegel daraus und flüchtete sich aus Sicherheitsgründen sofort in das nächste Militärdepot. Soweit ich weiß, hatte er sich verpflichtet, Ihrer Majestät etwa tausend Jahre lang zu dienen. Wo immer ich Gelegenheit hatte, ihn auf die Probe zu stellen, fand ich ihn als äußerst unternehmungslustigen Lügner, und ich wage zu behaupten, dass er hier ein wenig übertrieben hat. Ich fragte ihn, welchen Beruf er zwischenzeitlich ausübte oder ausübte. Der Schlingel grinste mit entzückender List und sagte, er sei ein Handkammmacher.

„Der Handel ist tot", sagte er mir; „ Die Maschinerie hat den Boden zerstört. Es gibt nur einen Laden in England, in dem Kämme hergestellt werden , und heutzutage, und Sie können darauf wetten, wenn *ich mich* davon fernhalte . Es ist eine schöne Geschichte, Kumpel . „Der Handel ist ruiniert", sagen Sie , „durch Maschinen", sagen Sie. „Ich bin dazu erzogen worden , meinen Lebensunterhalt zu verdienen", sagen Sie, „und das ist das Einzige", sagen Sie , „da ich mich im Schweiße meines Angesichts nach meinem täglichen Brot sehnen muss", sagen Sie . Herr! Ich habe unterwegs, da wir

jetzt unterwegs sind, bis zu neun Pence an einem Tag aus diesem Garn
gehabt.

Ich hatte Gewissensbisse; aber seine schlichte Geschichte wurde
sozusagen unter dem Siegel eines Geständnisses erzählt, und ich habe ihn nie
verraten.

VII

Es war mindestens genauso angenehm, an den Nichterlösen der Landschaftsmalerei zu hungern wie an denen des Journalismus, und wenn aus beiden nichts an Essen und Trinken herauszuholen war, war es nur eine Wahl über die Form Euthanasie. Ich vermutete, dass ich mit dem Malen kein Geld verdienen konnte; Aber ich wusste aus praktischer Erfahrung, dass der Journalismus nichts zu bewirken hatte.

Ich war gerade dabei, in den Gemächern eines Freundes zu putzen, als der Engel der Gelegenheit kam. Er erschien in der Gestalt eines amerikanischen Gentleman mit Pelzkragen und einem erstaunlichen Massachusetts-Akzent. Ein oder zwei Wochen zuvor war tatsächlich der Krieg zwischen Russland und der Türkei erklärt worden. Die Russen befanden sich bereits in Giurgevo und bauten eine Schiffsbrücke, um die Donau zu überqueren, und die Türken versammelten sich in großer Zahl bei Rustchuk und Schumla . So viel wusste ich aus den Zeitungen, aber weitere Informationen über die Eröffnungskampagne waren mir nicht zugegangen.

Auf meiner Besucherkarte war er als Colonel aufgeführt, und er trug ein Empfehlungsschreiben des Vertreters einer führenden New Yorker Zeitschrift bei sich. Er selbst war als Vertreter einer in Chicago erscheinenden Zeitung in London und erzählte mir im Laufe eines fünfminütigen Gesprächs, dass er auf der Suche nach einem jungen, gesunden und unternehmungslustigen Journalisten sei, der bereit sei, sein Leben für ihn zu riskieren die Ehre seines Fachs und eine ziemlich beträchtliche Summe pro Kolumne für ein Exemplar, das im Büro der Zeitung abgegeben wurde, deren fliegender Herold er sich selbst gemacht hatte. Die einzige Verpflichtung, die ich auf der Welt hatte, bestand darin, am Sonntagmorgen mit einem Mann zu frühstücken, und dass ich sofort darauf verzichtet habe. Sofortige 40L. wurde in meine Hände gelegt; Es wurde vereinbart, dass ich bei einem Besuch in der amerikanischen Botschaft in Wien mehr erhalten würde und dass ich bei meiner Ankunft in der Bank in Konstantinopel einen Betrag von zweihundert Pfund vorfinden sollte. Mit dieser Einsicht machte ich mich am nächsten Morgen um sieben Uhr auf den Weg zum Kriegsschauplatz und befand mich zu gegebener Zeit in Wien. Dort versuchte ich gemäß meinen Anweisungen ein Interview mit dem türkischen Botschafter, der sich jedoch standhaft weigerte, mich zu sehen. Ich traf einige notwendige Vorbereitungen und besuchte die Bank ein halbes Dutzend Mal. Von meinem Chicagoer Freund gab es keinerlei Hinweise oder Anzeichen; und wenn ich erfahrener gewesen wäre als ich, hätte ich vielleicht sofort die Warnung angenommen und wäre nach Hause zurückgekehrt. So wie die Dinge damals lagen, kam mir keine solche Idee in den Sinn; und als ich nach einer Verspätung von zwei Tagen die Hälfte des versprochenen Geldes erreichte, nahm ich freudig die Fahrkarte nach Triest und schiffte mich auf einem Boot der Messageries Maritimes nach Konstantinopel ein.

Es war der zwölfte Mai jenes Jahres, als wir die Adria hinuntersegelten, und ich hatte noch nie etwas so himmlisches Schönes gesehen wie die Küste und das Meer. Wir waren fünf Tage auf unserer Reise; Und jetzt, wo ich die weite Welt bereist habe , die meisten ihrer Schauplätze gesehen und mich mit exotischen Schönheiten der Landschaft und Meereslandschaft vertraut gemacht habe, kann ich mich an nichts Vergleichbares erinnern wie an diesen fünftägigen Traum vom Himmel. Vielleicht hat die Tatsache, dass ich zum ersten Mal einen Blick auf den Krieg werfen wollte und eine gewisse Vorahnung seiner Schrecken hatte, die ruhige Schönheit des Mittelmeers durch eine Art vorhergesehenen Kontrast reizvoller und exquisiter gemacht. Aber ich kann mich nicht erinnern, jemals etwas so Schönes gesehen zu haben (und ich glaube nicht, dass ich mich bis zu meinem Tod an alles erinnern werde), wie die fernen Inseln, die ihre purpurnen Köpfe hoben, als wir durch den Piräus dampften, und die langgezogene, wundervolle Panoramapracht der mediterranen Sonnenuntergänge. Seitdem bin ich auf vielen Schiffen gereist und habe den unvermeidlichen Narren nie verpasst. An Bord eines Schiffes ist immer ein Narr; und ich erinnere mich, dass eines Tages, als wir in Sichtweite von Korfu waren, der Narr, der im Moment unser Eigentum war, mich an der Schulter berührte, als ich über dem Bug hing, und auf die Insel zeigte.

„Man sagt, das sei Land", sagte er, „aber man könnte meinen, es sei eine Süßspeise." Sieht gut zum Essen aus, nicht wahr? Es ist, als würden sie in Zucker eingelegte Veilchensachen verkaufen, die sie in Paris verkaufen.'

Ich brannte darauf, das Innere meiner ersten Stadt im Osten zu sehen, und als ich die Kuppeln und Minarette von Konstantinopel tatsächlich vor mir sah, steigerte sich der Instinkt des Reisenden zur Leidenschaft. Wir stiegen bei Sonnenuntergang ein, und hinter den malerischen Dächern der Stadt lag ein bernsteinfarbenes und purpurrotes Lichtgeheimnis, das vom Rauch und Dampf von ein oder zwei Schiffen halb verdeckt wurde. Die ganze Szene sah aus wie eine verschmierte Landschaft aus der Hand Turners. Er hätte zumindest dafür gesorgt, dass die Farbe klar war; aber die Natur steht sehr oft hinter dem Künstler, und der Effekt war äußerst verschwommen und undurchsichtig.

Wie der Rest der Welt hatte auch ich von Bakschisch gehört, aber bis dahin hatte ich seine magische Kraft nie verstanden. Ein großer Beamter übernahm meinen Koffer und meinen Koffer und beschlagnahmte sie im Namen des Gesetzes so entschieden, dass ich beschlossen hatte, keinen von beiden mehr zu sehen . Der Kapitän des Bootes flüsterte mir ins Ohr, dass ein Mejidieh reichen würde, ich probierte ein französisches Fünf-Franc-Stück! was sich sofort als wirksam erwies; und ein oder zwei Minuten später war ich am Ufer von Galata, rittlings auf einem Esel, dessen Schwanz von seinem Fahrer mühsam umgedreht wurde und dem ein ungleich beladener Eselbruder folgte, der auf einer Flanke meinen Mantel und auf der anderen meinen Rüssel trug.

Wir kletterten die steinige Straße hinauf zur Hauptstraße von Pera . Von außen hatte die Stadt wie ein Turner-Traum ausgesehen, aber von innen war sie die Heimat von Hässlichkeit und unzähligem Gestank. Die gelben Hunde stolperten genauso oft über die Füße wie das abscheuliche Pflaster und schienen ebenso unbeweglich und ebenso ein Teil der Straße selbst zu sein. Hin und wieder heulte in den Seitenstraßen eine ganze Horde wie eine Phalanx vorrückender Wölfe; Aber sie befanden sich außerhalb der Gegend der Bestien, die die Straße, die ich bereisen musste, blockierten, und obwohl der Kriegslärm in der Nähe war, ruhte das Hunderegiment, das eigentlich nicht zum Kampf berufen war, unbeweglich, und seine Mitglieder ließen es zu, von Fußpassagieren getreten und getreten zu werden wurde von Rindern weitergetrieben und mit erstaunlicher Gleichgültigkeit von Rädern überrollt.

Wir erreichten das Hotel rechtzeitig zu einem bewundernswerten Abendessen – dem Vorläufer vieler bewundernswerter Mahlzeiten, deren einziger Fehler darin bestand, dass sie zu sehr nach einem Schema aufgebaut waren. Wir wurden, soweit ich mich noch gut erinnere, mit Tomatensuppe, Rotbarbe, Wachteln, Tomatenpüree und Schnitzel serviert. Am nächsten Morgen gab es zum Frühstück Rotbarben, Wachteln und Tomatenpüree. Zum Mittagessen gab es Rotbarbe, Wachteln, Tomatenpüree und Schnitzel. Zum Abendessen gab es Tomatensuppe, Rotbarbe, Tomatenpüree, Wachteln und Schnitzel. Es war ausnahmsweise ein bezauberndes Menü, aber als wir es eine Woche lang gemacht hatten, wurden meine Reisegefährten und ich ein wenig müde davon und hätten gerne eine Abwechslung gefunden. Der arme Campbell – Schipka Campbell, wie wir ihn später nannten – war mit einer früheren Schiffsladung Abenteurer angekommen und wohnte im Hôtel de Misserie . Kapitän Tiburce Morrisot von der Troisième Chasseurs blieb im Byzance ; und wir drei machten zusammen eine Party, um bei Valori zu speisen und der ewigen Rotbarbe, Tomatenpüree und Wachteln zu entfliehen.

Wir fanden dort einen erstaunlichen deutschen Kellner, der mehr oder weniger jede Sprache unter dem Himmel zu sprechen schien. Im Café waren Griechen, Italiener, Spanier, Türken, Bulgaren, Deutsche, Franzosen und Engländer und, soweit ich weiß, Leute aus einem halben Dutzend anderer Nationalitäten; und der Oberkellner sprach diese nacheinander in jeder Sprache an, die an ihn gerichtet sein mochte. Einer von uns fragte ihn, mit wie vielen Sprachen er vertraut sei, und er antwortete mit einem entschuldigenden Gesichtsausdruck: „ Onily. " zwölf .' Was könnten wir zum Abendessen haben? „ Gutes Abendessen, meine Herren. Es gibt Rotbarbe, es gibt Tomatenpüree, es gibt Qvail . Wir entschieden uns schließlich für etwas, das als Roastbeef angekündigt war und verdächtig nach Pferd aussah. Alles war besser als die ewige Leckerei, die so ermüdend geworden war. Die Stadt befand sich im Belagerungszustand, und jeder Spaziergang entlang der Straße brachte Interesse und Unterhaltung hervor – manchmal sogar von ziemlich auffälliger Art. Ich war erst drei oder vier Tage dort, als ich mich bei einem Morgenspaziergang vor dem Wallach Serai wiederfand. Die Fußwege waren ziemlich dicht gesäumt von Liegestühlen, die den Vorbeimarsch eines Regiments Zeibecks beobachtet hatten . Die barbeinigen Raufbolde mit ihren erstaunlichen Bienenstockhüten und ihren prunkenden Bauchbinden, vollgestopft mit den antiken Waffen, mit denen ihre Vorfahren Genua gestürmt hatten, schlenderten in jeder von ihnen gewählten Reihenfolge vorbei und machten sich auf den Weg zu den süßen Gewässern von Europa, an dessen Küsten sie ihr Lager aufschlagen sollten. Als sie alle verschwunden waren und die stagnierende Flut wieder auflebte, kam ein alter Hoja, ein heiliger Mann, gekleidet in ein grünes Gewand und einen Kaftan und in gelben Hausschuhen – der sich selbst als einer bezeichnete, der die Pilgerreise nach Mekka unternommen hatte. Ihm folgte ein sehr kleiner, mit Packtaschen beladener Esel. An meiner Seite auf dem Fußweg stand ein Tscherkessen, der sich in der Luft bewegt hatte, während die Truppen vorbeizogen, ein furchterregend aussehender Yataghan, und der in einer Sprache gejubelt hatte, von der ich keine Silbe verstand.

Dieser Mann stand nun da, umgeben von einer bewundernden Menschenmenge, leckte sich die Rückseite seines Handgelenks und rasierte die Haare ab, die dort wuchsen, um die Schärfe und Härte seiner Waffe zu zeigen. Es muss so fein wie ein Rasiermesser geschliffen gewesen sein, und wie ein Rasiermesser hatte es eine breite Rückseite und fein abgeschrägt . Gerade als der alte Hodscha vorbeiging und der friedfertige kleine Esel ihm auf den Fersen folgte, betrat der Tscherkessen den Pferdeweg, gab der Waffe einen prahlerischen Schwung und trennte mit einem einzigen Schlag den Kopf des armen kleinen Esels vom Körper so sauber, wie ein geschickter Schwertkämpfer der Garde ein hängendes Schaf durchtrennen würde. Der Kopf fiel plump; doch für ein oder zwei Sekunden stand der Körper da, spritzte einen leuchtenden scharlachroten Streifen aus dem Hals und kippte dann um. Der alte, grün gekleidete Hoja drehte sich um, als die Menge Lärm machte, sah das blutbefleckte Schwert hinter sich wehen, verstand auf den ersten Blick, was passiert war, und schlurfte weiter, so schnell seine gelben Hosen ihn trugen .

VIII

Es ist wahrscheinlich, dass es in der Geschichte der Welt noch nie eine Stadt gegeben hat, die so vollgestopft war mit jeder Art von Schurkenstämmen wie Konstantinopel in dieser Epoche. Von der Kutscheneinfahrt des Hôtel de Byzance aus sah ich , wie drei kaffeefarbene Schurken am Zollhaus eines umherziehenden Geldwechslers anhielten. Der Mann saß mit seinem kleinen verglasten Kästchen mit türkischen und ausländischen Münzen vor sich auf dem Bürgersteig, sein gesamter Finanzbestand belief sich auf vielleicht zwanzig oder dreißig Pfund. Einer der vorbeikommenden Schurken bot ihm eine winzige Goldmünze zur Prüfung an, und der graubärtige, ehrwürdig aussehende Geldhändler untersuchte sie, öffnete sein Etui und nahm eine Handvoll Münzen heraus, um sie als Wechselgeld zu geben. Kaum wurde der Glasdeckel angehoben, tauchte jeder aus dem Trio in seine kaffeefarbenen Pfoten und holte eine Handvoll Geld heraus. Der Mann, der die kleine Goldmünze gezeigt hatte, steckte sie wieder ein und ging weiter. Der arme alte Geldwechsler erhob sich und machte eine Bewegung, als wollte er ihm folgen; Aber einer der Raufbolde zog halb das Schwert, das an seiner Seite hing, und drehte sich mit einem plötzlichen Knurren zu ihm um. Der alte Mann setzte sich zu seinem Verlust hin und unternahm keinen weiteren Versuch, seine gestohlenen Sachen wiederzubekommen.

Als ich in der Stadt auf und ab wanderte, wurde ich Zeuge einer Reihe gleicher Gesetzlosigkeiten, und tatsächlich war der ganze Ort eine Beute eines rastlosen Schreckens. Zwischen der Stadt und den süßen Gewässern Europas befand sich ein Lager der vielleicht bemerkenswertesten und vielfältigsten Gruppe von Schurken, die jemals in der Geschichte der zivilisierten Kriegsführung zusammenkamen. Bis sie bekannt wurden, ritten die neugierigen Bürger aus, um sie anzusehen und im Lager umherzuwandern; aber ein oder zwei Tage Erfahrung heilten die Menschen von Konstantinopel von dieser Angewohnheit. Eine griechische Dame und ihre Tochter wurden von den lagernden Raufbolden auf schreckliche Weise getötet, und dem Kutscher, der sie retten wollte, wurde die Kehle durchgeschnitten. Zwei oder drei Ereignisse dieser Art versetzte den christlichen Teil von Konstantinopel in Panik, und kein Weißer wagte sich nach Einbruch der Dunkelheit ins Ausland, ohne Waffen zu tragen.

Bei alledem waren die Straßen nie leer gewesen. Jede Nacht wimmelte es in der Grande Rue de Péra von Passagieren; die Restaurants und Hotels waren voll; und durch die offenen Fenster der *Cafés- Chantants* entlang der Straße konnte man die heiseren Stimmen der Gesangsversagen aus einem Dutzend Ländern kreischen und brüllen hören. Der einzige Ort, den wir besuchten, war das Concert Flamm. Es wurde von einem gewissen Napoléon Flamm aufbewahrt, der damals fast jedem Engländer in Konstantinopel bekannt war. Er hatte eine kleine silberne Hölle neben dem Konzertsaal, und der betrügerische Roulettetisch dort wurde von einem fetten, öligen Griechen geleitet, der von seinem Aussehen her, wenn sich ein Freund die Mühe gemacht hätte, ihn zu waschen, hätte sein können Diplomat von hohem Rang. Die Tabelle hatte, soweit ich mich sehr gut erinnere, nur vierundzwanzig Zahlen und an beiden Enden eine Null. Wäre das Spiel fair gewesen und wären alle Spieler geschickt gewesen, hätte der Besitzer dieser Vorrichtung nach dem mathematischen Gesetz einen Penny von jedem Schilling, der auf die Bank gelegt wurde, eingenommen. Ich erhebe keinen Anspruch auf außergewöhnliche Leichtgläubigkeit; aber ich glaube immer noch, dass der dicke Grieche einen Trick hatte, mit dem es möglich war, die Bewegung des Rades im günstigsten Moment zu stoppen.

Eines Nachts war ein Holländer in der Silberhölle – ein Herr, der uns erzählte, dass er in Südafrika als der König der Diamanten bekannt sei. Später erfuhren wir aus unabhängigen Quellen, dass er zwar die Farbe beibehalten, aber die Karte geändert hatte. Von Kimberley bis Table Bay war der Ruhm des Knave of Diamonds weitergereist, und wenn nur die Hälfte, die wir von dem Mann hörten, wahr wäre, hätte er sich seinen Titel verdient. Ungefähr anderthalb Stunden lang standen dieser Herr und ich Seite an Seite am Roulettetisch und stellten unweigerlich fest, dass immer dann, wenn Schwarz am stärksten gedeckt war, Rot gewann und immer dann, wenn der Großteil des Geldes auf Rot lag, Schwarz auftauchte. Wir haben unsere eigenen Schlussfolgerungen gezogen und es zumindest in unseren nüchternen Stunden abgelehnt, an diesem bestimmten Tisch zu spielen.

Eines Abends kam es in diesen Räumen zu einem gewaltigen Kampf, der auf ziemlich komische Weise von Kapitän Georg von A. vom 4. Königs-Dragoner begonnen wurde – einem hübschen, schneidigen jungen Riesen von einem Kavallerieoffizier, der ausgezeichnete Dienste geleistet hatte gegen die Franzosen bei Gravelotte , und der nun entschlossen war, sich der unglücklichen polnischen Legion anzuschließen, die eine Zeit lang das Gefäß war, in das die Hälfte der Schurkerei und die Hälfte des ehrlichen Abenteuergeists des jungen Europa geschwemmt wurde.

Der arme, liebe alte Campbell, der nun schon seit vielen Jahren tot ist (er fiel unter Wolseley, der das schwarze Kontingent auf Secocoeni's Height anführte), der junge deutsche Kapitän und ich hatten zusammen gegessen, und Von A... hatte nicht klug, aber zu gut gegessen . Er hatte ein oder zwei Wörter Türkisch gelernt, und da er annahm, dass die Bewohner der Grande Rue und die Besucher des Concert Flamm Türken seien, erhob er sich und stieß einen patriotischen Satz aus: „Chokularishah Padishah ! " was, wie ich aus glaubwürdiger Quelle erfahren habe, bedeutet: „Möge der Sultan für

immer leben !" Alle benommenen und bärtigen Adligen mit Hakennasen,
Schlehenaugen und fettigem Teint, die das Café von Monsieur Napoléon
Flamm besuchten, waren Griechen und Armenier, und ob der Sultan für
immer lebte oder am nächsten Tag starb, war ihnen egal starrte den
hübschen, blonden jungen Deutschen etwas unhöflich an, sagte aber nichts.
Er führte sein Gleichnis auf Türkisch weiter: „ Moskau. " „schlummernd "
und verdeutlichte seine Bedeutung, indem er seinen Daumen mit
freimaurerischer Kraft über seine Luftröhre zog.

Die Worte und die Handlung zusammen sollten bedeuten, dass der Russe
ein Schwein war und ihm die Kehle durchgeschnitten werden sollte. Sofort
stand ein kleiner Grieche mit einem „Je suis Muscov, Monsieur" auf, und der
Kapitän schlug ihn sofort nieder . Er hatte nicht vorgehabt, so etwas zu tun,
aber der bloße Windstoß seiner großen Hand ließ den kleinen Levantiner zu
Boden fallen. Es kam sofort zu einer Panne. Ein empörter Landsmann warf
eine Kaffeetasse auf den angegriffenen Mann und schickte einen prächtigen
Spiegel von sieben bis acht Fuß Höhe in den unwiederbringlichen Ruin. Eine
Kaffeetasse in einem Café in Konstantinopel besteht aus Porzellan, so dick
wie das Glas einer Dame Finger und wiegt etwa ein Viertel Pfund. In kürzerer
Zeit, als es nötig wäre, um es zu erzählen, waren die Nationalitäten wieder
gemischt und sortiert. Gallier, Briten und Germanen – wir waren sieben von
der nordwestlichen Spitze Europas – standen Seite an Seite, und jeder von
uns hatte ein halbes Dutzend zu bewältigen. Ich habe in meinem ganzen
Leben noch nie einen so lustigen Kampf gesehen und schon gar nicht hatte
ich Spaß daran, weniger persönliches Risiko einzugehen. Der Raum war in
etwas weniger als fünf Minuten leer, und England, Frankreich und
Deutschland standen triumphierend da. Die kleine levantinische Menge
strömte die Wendeltreppe hinunter, und Campbell fügte Beleidigung um
Verletzung und Verletzung um Beleidigung hinzu, indem er den hintersten
kleinen Mann hochhob und ihn auf die Köpfe derer fallen ließ, die vor ihm
gegangen waren. Wir alle lachten heldenhaft; aber als wir nach der
abgehenden Menschenmenge unten ankamen, änderte sich das Aussehen der
Dinge erheblich.

Ich spreche von vor vielen Jahren, und ich bin mir zu keinem Zeitpunkt
ganz sicher, welche Ortsnamen es gibt. Leute, die Konstantinopel kennen,
können mich korrigieren, wenn ich mich beim Namen des Ortes irre; aber
ich glaube, es ist die Rue Yildijé , die fast gegenüber dem Eingang zum alten
Café Flamm liegt und in das niedrige griechische Viertel führt. Jedenfalls gibt
es dort eine abschüssige Straße, die über eine Reihe grober Steinstufen zum
Galata-Viertel hinabführt, und von dort strömte eine wilde Menschenmenge
herbei, bewaffnet mit Besenstielen, Messern, Schürhaken, Zangen – jeder
Waffe, die man sich schnappte rachsüchtige Flut des Augenblicks. Der arme
Campbell übernahm das Kommando über unsere Gruppe, stellte uns in eine

Reihe und ließ uns unsere Revolver ziehen. Der Eingang zum Café war breit genug, um uns eine Art Verbeugung Schulter an Schulter zu ermöglichen. Wir stellten uns entlang der Mauer auf, flankierten die Menge und bezogen auf der anderen Seite des Bürgersteigs Stellung. Unter unseren Feinden riefen diejenigen, die dahinter standen: „Vorwärts!" und die vorn riefen „Zurück!" Wir gingen rückwärts, bis wir das etwa fünfzig oder sechzig Meter entfernte Byzance Hotel erreichten, und dort, als wir das Tor erreicht hatten, legten wir unsere Waffen nieder, betraten das Hotel und bestellten Getränke. In einer besser regulierten Stadt hätten wir vielleicht mehr darüber gehört; aber so wie es war, passierte nichts, und der Chief Constable des Konsulats – von dem ich übrigens den Revolver der Irish Constabulary gekauft hatte, der es mir ermöglichte, mich gegen die Menge durchzusetzen – gesellte sich im Laufe des Abends zu uns und lachte herzlich über die Geschichte.

IX

Ich habe erzählt, wie ich im russisch-türkischen Krieg als „Sonderkorrespondent" einer amerikanischen Zeitung tätig war. Von der Stunde, in der wir uns auf dem Bahnsteig des Bahnhofs Charing Cross vor etwa siebzehn Jahren verabschiedeten, bis heute habe ich den Militärherrn aus Chicago, auf dessen Veranlassung ich hinausgegangen bin, um die Ereignisse zu verfolgen, noch nie gesehen der russisch-türkische Krieg. Als ich einen Monat nach dem Fall von Plewna wieder nach Hause kam, erkundigte ich mich nach ihm und erfuhr, dass er seine Anweisungen übertroffen hatte und dass er selbst dorthin gegangen wäre, wenn er den Anweisungen seiner Besitzer gefolgt wäre der Schauplatz des Krieges. Welchen Zweck er hatte, als er sich dieser Pflicht entzog und einen Mann aussandte, dessen Gehalt er nicht bezahlen konnte, habe ich nie genau erfahren.

Lange Zeit rief ich Tag für Tag bei der Osmanischen Bank an, um zu fragen, ob Überweisungen angekommen seien, und solange mein Geld reichte, bombardierte ich diesen widerspenstigen Yankee-Oberst mit Telegrammen, in denen er auf der Erfüllung seines Vertrags bestand. Er beachtete meine Nachrichten nicht und schon nach kurzer Zeit wirkte alles verzweifelt. Es war jedoch eine tolle Sache, vor Ort zu sein, und nach etwa drei Wochen fruchtloser Wut und bitterer Angst fand ich Gelegenheitsarbeit bei einem Herrn, der sich zum Agenten einer altmodischen Londoner Wochenzeitung gemacht hatte. Ich schrieb für diese Zeitschrift einen Artikel mit dem Titel „In a State of Siege", bekam Geld dafür und lebte ungefähr zehn Tage lang sorgfältig davon. Am Ende dieser Zeit schlenderte ich nachts ziemlich trostlos durch die Concordia Gardens, als ich auf eine Gruppe Männer traf, mit denen ich einen nickenden Bekannten hatte. Sie saßen um einen kleinen Tisch, tranken Vishnap und Limonade und unterhielten sich fröhlich. Einer von ihnen rief mich auf, der Partei beizutreten, und ein anderer, von dem ich wusste, dass er als Agent des *Schotten fungierte*, las eine Zeitung. Wir redeten eine Weile gleichgültig; und der Leser legte sein Tagebuch auf den Tisch, legte seine Hand mit festem Nachdruck darauf und sagte: „Wenn ich den Mann finden könnte, der diesen Artikel geschrieben hat, sollte ich ihn bitten, sofort an die Front zu gehen."

Ich warf einen Blick auf das offene Blatt, und siehe da! der Artikel war von mir. Ich sagte es und innerhalb von zehn Minuten hatte ich ein Schnäppchen gemacht. Ich sollte zum frühestmöglichen Zeitpunkt aufs Land gehen; und erhielt Anweisungen, wie bei der Beantragung des erforderlichen *Teskerai vorzugehen* sei, einer Form von Reisepass oder Schutzvorrichtung, ohne die kein Fremder das Landesinnere betreten durfte. Die Suche nach diesem abscheulichen *Tester* verzögerte mich viele Tage lang, und ich tanzte auf Said Pascha (englisch Said, wie er genannt wurde) bis ich müde und herzzerreißend war.

Schließlich beschloss ich , auf den Pass zu verzichten, und tat es auch; Aber die Verzögerung, die ich erlebte, brachte mich in Kontakt mit einer so seltsamen Gruppe von Abenteurern, wie ich sie noch nie in meinem Leben getroffen hatte. An der Spitze dieser Herren stand ein Mr. Montague Edie oder Edie Montague (denn er schrieb den Namen in beide Richtungen) – ein junger Bursche von offenbar vier oder fünfundzwanzig Jahren, der sich, glaube ich, als Leutnant in der Armee ausgab Englische Marine, und der vorgab, von der türkischen Regierung die Vollmacht zu haben, ein Kriegsschiff unter Markenbriefen zu führen und den russischen Handel im Schwarzen Meer zu behindern.

Konstantinopel war zu dieser Zeit voller hirnrissiger Abenteurer, und Mr. Montague Edie ließ nicht lange auf sich warten, um eine Schar von Offizieren um sich zu scharen. Das Geschäft der Expedition sollte ein tiefes Geheimnis sein; aber an allen möglichen öffentlichen Orten wurde mit kindischer *Naivität darüber gesprochen*. Der Häuptling trug Uniformen, die er selbst entworfen hatte, und schlenderte durch die Grande Rue de Péra , farbenfroh gekleidet in einem türkischen Militär-Fez, weißen Enten und Handschuhen und einem blauen Mantel mit goldener Spitze . Ein oder zwei seiner Leutnants folgten seinem Beispiel; und der unglückliche Schneider, der für diese prächtigen Kleidungsstücke gesorgt hatte , belagerte das Hôtel Misserie und das Hôtel Byzance tagelang in der vergeblichen Hoffnung, eine Bezahlung für seine Arbeit zu bekommen .

Ein drolliges Set zur Steuerung eines Kriegsschiffes wurde nirgendwo gesehen. Ich erinnere mich, dass der Zweite Leutnant frisch vom St. John's College in Oxford kam. Auf dieser Reise hatte er zum ersten Mal seine Heimatküste verlassen, und seine gesamte Seeerfahrung hatte er bei der Durchquerung des Ärmelkanals und auf der Reise von Marseille nach Konstantinopel gesammelt. Der arme Schipka Campbell ließ ihn eines Abends in einer *Brasserie in der Grande Rue* verhören und kam zu dem Ergebnis, dass er annahm, dass Backbord und Steuerbord dasselbe bedeuteten und Backbord das Gegenteil der beiden sei. Ich vergesse den Oberleutnant; aber ein untergeordneter Offizier war ein dicker Stadtbeamter, der als Freiwilliger in einem Londoner Korps gearbeitet hatte und aufgrund seiner militärischen Erfahrungen die Absicht hatte, einen Posten in der polnischen Legion anzustreben.

Die Besonderheit dieses Kontingents bestand darin, dass meines Wissens kein einziger Pole jemals den Versuch unternommen hat, sich seinen Reihen anzuschließen. Der Stadtschreiber wurde durch die Pracht von Mr. Edies

Uniform von seinem ursprünglichen Ziel abgebracht . Er selbst wurde auf Kosten desselben unglücklichen Schneiders manipuliert, der seine Kameraden beliefert hatte; aber er trug die Uniform nur einmal, nachdem er von einem Kontingent britischer Offiziere, die auf die Aufstellung der türkischen Gendarmerie unter Oberst Valentine Baker warteten, gefangen und gnadenlos gehänselt wurde. Zu dieser Schar alberner und unerfahrener Jungen gehörte ein alter, graubärtiger amerikanischer Arzt, der an die ganze Lügengeschichte glaubte, als wäre sie ein Evangelium, und sich vorgenommen hatte, an Bord dieses visionären Schiffes als Chirurg zu fungieren. Er war ein entzückender alter Kerl und hatte trotz seiner Einfachheit eine Ader mit Humor . So seltsam es auch klingen mag, er war ein Mann von einiger Bedeutung und hatte im Bürgerkrieg mit herausragenden Ehren gedient. Er verfügte über eigenes Geld, und der Himmel weiß, wie viele großzügige Dinge er dabei inmitten der Menge gestrandeter Ausländer tat Zeit in der Stadt.

„Ich gebe mir nicht die Mühe, viel zu wissen", sagte er eines Tages zu mir; „Aber ich habe eine Entdeckung gemacht." Die Zivilisation und die Papierkramluft sind ttwrterminös . Die Türkei ist ein zivilisiertes Land. Ich habe heute Morgen im Bon Marché einen halben Bruttowert Papierhalsbänder gekauft. „Solange ich mir ein Papierhalsband kaufen kann, weiß ich, dass ich in einem zivilisierten Land bin, und wenn ich es nicht kann , bin ich es nicht ."

Ich traf den Arzt ein oder zwei Tage nach der Veröffentlichung dieser denkwürdigen Entdeckung. Er unterhielt sich mit einem der Offiziere der Expedition und warf plötzlich den Spazierstock, den er trug, hoch in die Luft.

„Das lässt mich raus!" sagte er in einem sehr lauten und entschiedenen Ton; und indem er seinen Begleiter verließ, winkte er mir, ihm zu folgen. Das Gesicht und die Geste des alten Herrn waren so eindringlich, dass ich mich sofort zu ihm gesellte. Er erzählte seine Geschichte in einer Umgangssprache, die rassiger ist, als ich es zu kopieren wage; aber es kam dazu. Die Regierung hatte Wind von dem kostbaren Plan bekommen (den sie natürlich nie einen Moment lang gebilligt hatte) und hatte zu verstehen gegeben, dass der Initiator und seine Untergebenen gut daran täten, das Land sofort zu verlassen.

Der Häuptling ließ sich jedoch nicht so leicht aus der Fassung bringen. Er berief einen Kriegsrat ein und schlug seinen erstaunten Satelliten vor, auf eigene Faust ein Kanonenboot zu stehlen und Piraten gegen die Russen aufzuhetzen. Dieser köstliche Plan wurde von den Herren, denen er vorgelegt wurde, sofort abgelehnt, und es war die Nachricht davon, die den Arzt freiließ. Er fuhr an diesem Nachmittag mit dem Dampfer nach Syra , und ich habe seitdem nie mehr von ihm gehört. Die Offiziere des

Markenbriefs übergaben ihre Uniformen dem Schneider, den sie mit ihrer Schirmherrschaft gesegnet hatten, und der Häuptling begab sich für ein oder zwei Tage in das Gefängnis des britischen Konsulats.

Sir John Fawcett – Herr Fawcett, der er damals war, zog es vor, über die ganze Angelegenheit zu lachen, als sie ernst zu nehmen, und der abenteuerlustige junge Herr wurde mit dem Versprechen freigelassen, das Land zu verlassen. Mir selbst wurde ein Ehrenposten in diesem bemerkenswerten Kontingent angeboten . Das Geheimnis, über das ganz Konstantinopel eine Woche lang gelacht hatte, wurde mir beim Konzert Flamm im Flüsterton anvertraut. Ich glaube – aber aus heutiger Sicht bin ich mir nicht ganz sicher –, dass es sich bei dem mir angebotenen Posten um den eines Captain of Marines handelte. Um meiner eigenen Unwissenheit zu dieser Tageszeit gerecht zu werden, habe ich nichts dagegen einzugestehen, dass ich, wenn es ein Boot und einen Marinesoldaten gegeben hätte, vielleicht zweimal darüber nachgedacht hätte, bevor ich das Angebot abgelehnt hätte. So wie es war, war es natürlich einfach nur ein Grund zum Lachen.

Ich verlasse Konstantinopel kaum ohne eine Erinnerung an die Polnische Legion. Ich unternahm mit einem zufälligen Begleiter eine Reise mit der Shooting Star Railway, um seiner Vereidigung und der Ernennung zum Offizier dieses Regiments beizuwohnen. Der Einsatzort war ein Dachboden über einem unbewohnten Stall, der vorerst als Hauptquartier diente das Korps. Ich habe noch nie davon gehört, dass sie noch andere haben; und ich erinnere mich mit ungewöhnlicher Deutlichkeit an ein Interview, das einer der Offiziere mit Said Pascha führte, der ihm ohne jegliche Zurückhaltung sagte, dass die Legion „an die Front geschickt und zerstreut werden würde". Tatsächlich kam es nie richtig in Form. Ich glaube, dass es in ihren Reihen zu keinem Zeitpunkt einen einsamen Gefreiten gab. Solange es bestand, bestand es ausschließlich aus Offizieren verschiedener Dienstgrade. Viele von ihnen gaben es offen auf, als sie sahen, wie hoffnungslos das ganze Unternehmen geworden war. andere verschwanden still und leise ohne Vorwarnung; und viele ließen sich bereitwillig in andere Regimenter einziehen, wo einige von ihnen gute Dienste leisteten.

Die englischen Journalisten in der Türkei waren nach Fraktionen gespalten. Wir waren hauptsächlich Philo-Türken oder Philo-Russen, je nach der politischen Couleur der von uns vertretenen Zeitschriften; und ich weiß jetzt sehr gut, dass ich selbst von der Angst vor den bulgarischen Gräueltaten so beeindruckt war, dass ich kaum wusste, wie ich bei einem Türken Gnade oder das richtige Gefühl finden sollte. Es war sehr schwer, an die klare Wahrheit zu kommen, aber jetzt, aus der fernen Perspektive der Jahre, die dazwischen liegen, ist es einfacher, sie mit einem richterlichen Blick zu erkennen. Wenn es irgendwo auf der Welt ein sanfteres, gastfreundlicheres, nüchterneres, keuscheres, wahrhaftigeres und treueres Wesen als den türkischen Bürger gibt, dann gestehe ich, dass ich ihn gerne treffen würde. Wenn es irgendwo einen Mann gibt, der pflichtbewusster, mutiger, einfacher und sanfter ist als der einfache Soldat der türkischen Armee, würde ich einen langen Weg zurücklegen, um ihn zu finden.

Während der Krieg andauerte, empfand die Hälfte der Männer, die die Nachricht davon in die zivilisierte Welt hinaustrugen, den Türken *als Anathema Maranatha* , und die andere Hälfte war davon überzeugt, dass der Bulgare ein absolut verabscheuungswürdiges und feiges Tier sei. Seitdem die Bulgaren die Möglichkeit hatten, sich selbst zu regieren , haben sie diese ungünstige Theorie weitgehend widerlegt , und „der unaussprechliche Türke", von dem wir damals so viel hörten, war im Großen und Ganzen der beste Kerl, den man nur finden kann Europa.

Die Gräueltaten, die die Welt schockierten, waren ausnahmslos das Werk der Hilfstruppen – der Tchircasse , der Bashi-Bazouk , der Zeibeck , der Smyrniote und der Tripolite. Ich behaupte, etwas über die Taten dieser Adligen zu wissen, denn Mr. Francis Francis (damals Vertreter der *Times*) und ich waren sechs Wochen lang die einzigen Engländer im sogenannten „ Roumelian Gräueltatviertel". Tag für Tag lebten wir unter den christlichen Toten, Nacht für Nacht sahen wir die Brandbrände. Von den Höhen des unteren Balkans – wie in Sopot – konnten wir den Horizont rot sehen. In den verlassenen Dörfern stank es nach den unbegrabenen Körpern von Menschen und Tieren. Nachts um sie herum heulten Horden von Vagabundenhunden düster im Dunkeln.

Es war wunderbar und schrecklich zu sehen, wie der alte, wilde östliche Geist in diesen modernen Tagen wieder aufleben konnte – „Töte, töte!" Lass keinen Stein auf dem anderen stehen.' In Kalofer , wo es vierzehn Tage vor unserer Ankunft eine geschäftige und blühende Bevölkerung gegeben hatte, gab es kein Lebewesen mehr und kaum eine Mauer, auf deren Gipfel man nicht seine Hand hätte legen können. Als wir am späten Abend die Stadt betraten, stieg immer noch ein melancholischer Rauch zum Himmel auf, und die letzte Fackel des Krieges leuchtete von einem Strohdach am äußersten Ende des Ortes gegen die sinkende Dunkelheit des Himmels. Der Arabajee , der das schwerfällige kleine Fahrzeug fuhr, in dem unsere wenigen Habseligkeiten untergebracht waren, fiel mitten auf der steinigen Wüstenstraße auf die Knie und hielt eine gemeine, leidenschaftliche Ansprache, von der ich keine einzige Silbe verstehen konnte. Mein Dragoman übersetzte zu meinen Gunsten „Mann mit den zwei süßen Augen", sagte der kniende Redner, möglicherweise als Hommage an meine Brille, „warum haben wir uns auf diese katastrophale Reise begeben?" Allah hat uns vergessen. Lasst uns zurückkehren.' Wir waren darüber bereits im Unklaren, denn der Ort war seltsam anzusehen und die Luft war ein langsames Gift; aber die Pferde waren müde und wir selbst hatten fast genug vom Tagesmarsch.

Plötzlich sah ich einen Haushahn, der mit einer gewissen nachdenklichen Miene die Straße entlangging. Ich legte meinen Revolver auf meinen linken Arm, zielte sorgfältig und feuerte. Der Vogel türmte sich wie verrückt auf, vollführte einen wilden Walzer und bog um die Ecke. Der Lärm des Schusses störte einige Mitglieder seines Harems, und eine Henne flatterte in die Zweige eines nahegelegenen Baumes. Francis hat sie eingetopft, und sie fiel uns zu Füßen. Hier gab es wenigstens Abendessen; Aber an der ersten Ecke, als wir auf der Suche nach einem Platz zum Übernachten umdrehten, fanden wir den Rest der gefiederten Brut, der sich am Kadaver eines Schweins fraß, das buchstäblich Wellen voller Ungeziefer hervorwirbelte . Wir waren sehr hungrig; Aber die Wahrscheinlichkeit, dass unser Vogel diese wenig einladende Diät genossen hatte, war gut zwei zu eins, und wir warfen ihn über die nächste Mauer in die Asche einer rauchenden Hütte.

Wir hatten uns damit abgefunden, ohne Abendessen zu bleiben, als mit gewaltigem Geklapper auf der steinigen Straße und wildem Stimmengewirr drei türkische Kosaken herbeikamen, die von einer Gruppe regulärer Truppen, an der wir am Morgen vorbeigekommen waren, abkommandiert worden waren, um uns zurückzurufen . Die Nachricht, die sie überbrachten, war, dass es im Land jede Art von skrupellosen Schurken gab, die zu dieser Zeit und in der Region bekannt waren; und auf ihren dringenden Rat hin bestiegen wir unsere müden Tiere noch einmal und ritten, bis uns eine Reise von etwa einem halben Dutzend Meilen zum Lager führte. Dort aßen wir königlich und schliefen in Sicherheit.

X

Es gibt eine Theorie, die besagt, dass jeder Mann und jede Frau auf der Welt aus ihrer eigenen, tatsächlichen Erfahrung mindestens einen lesenswerten und lehrreichen Roman schreiben könnte. Es besteht eine offensichtliche Bereitschaft, diese Idee in die Praxis umzusetzen, obwohl glücklicherweise bisher nicht mehr als die Hälfte der Weltbevölkerung davon beseelt ist. Eine ebenso kluge Idee ist, dass jeder und jede auf der Bühne mitmachen kann. Einen Roman zu schreiben oder Schauspieler zu werden – die Welt mit einem neuen Waverley, Esmond oder Copperfield in Erstaunen zu versetzen oder die Schauspielerszene mit einem Roman über Hamlet, Falstaff, Richelieu oder Othello zu verblüffen – scheint die einfachste Sache der Welt zu sein die Besorgnis vieler hervorragender Menschen.

Charles Dickens stellte vor vielen Jahren fest, dass es zu den einfachsten Dingen der Welt gehört, sich in einem großen Teil zu „outen". während es eine der schwierigsten ist, zu vermeiden, wieder hineinzugehen. Im Laufe meiner Zeit bin ich sowohl herausgekommen als auch wieder hineingegangen; Und obwohl ich nicht geneigt bin, meine Bescheidenheit für Verteidigungen auf die Probe zu stellen oder Prophezeiungen für die Zukunft anzubieten, ist es nicht unwahrscheinlich, dass ich die Erfahrung in ihrer Vollständigkeit wiederholen werde. Ich denke, dass die Suche nach einem erfolgreichen Schauspieler die faszinierendste der Welt ist. Hier und da erfährt man, dass es im Einzelfall geschmacklos war; aber diese Fälle sind nur die Ausnahmen, die sich bewähren, und nichts anderes.

Viele Menschen waren so freundlich, die Geschichte meines ersten Auftritts auf der Bühne zu erzählen; und sie haben es auf so unterschiedliche Weise und doch so ausführlich erzählt, dass ich manchmal versucht war, an der Echtheit meiner eigenen Erinnerungen zu zweifeln. Hier ist jedoch, was es wert ist, meine Überzeugung zu dieser Sache.

Ich war vor etwa drei Jahren in Neuseeland, als mich ein reisender Manager, dem ich auf meinen Wanderungen begegnete, fragte, ob ich zufällig so etwas wie ein neues und originelles Drama über mich hätte. Ich gestand, dass ich einen Plan für ein Drama im Kopf hatte (der Intendant gab zu, dass er besonders darauf bedacht war, es zu produzieren), und ich verpflichtete mich, es fertigzustellen und es bis zur Probe durchzuziehen. Es ist zu bemerken, dass keine der üblichen Schwierigkeiten, die dem gewöhnlichen Anwärter auf dramatischen Ruhm im Weg stehen, meinen Fortschritt behinderten. Es gab keine Frage der Eignung – keinen Gedanken an Exzellenz oder umgekehrt. Der reisende Manager hatte durch die Herstellung eines Stückes aus meiner Hand nichts zu gewinnen und nichts zu verlieren. Es bedeutete nichts weiter als die Mühe des Probens; und wenn die Sache scheiterte, scheiterte sie, und das war ein Ende; und wenn es gelang, verlangte der Manager die Hälfte des Gewinns, wo auch immer das Stück produziert werden sollte. Er hat sich bisher nicht aus dem Geschäft zurückgezogen. In der Unschuld meines Herzens versprach ich, dass das Stück in drei Wochen zur Probe bereit sein sollte, und machte mich mit größtem Elan an die Arbeit und vergrub mich für die erste Woche in Gisborne, einer seltsamen und einsamen Küstenstadt, in der es so etwas gibt Von einer Eisenbahn ist noch nichts zu hören, und die Dampfer, die entlang der Küste verkehren, können je nach Wetterlage nach dem Reisenden rufen oder auch nicht.

Wenn ich das ohne Unbescheidenheit von mir sagen darf, bin ich ein schneller und sicherer Arbeiter.

Alle meine besten Arbeiten wurden in einem enormen Tempo geleistet. Ich habe „Josephs Mantel" in sechsunddreißig Sitzungen, einem Kapitel nach dem anderen, erstellt. „Val Strange", ein Werk von gleicher oder fast gleicher Länge, wurde in ebenso vielen aufeinanderfolgenden Tagen geschrieben. „Tante Rachel", das einzige Werk von mir, das mich möglicherweise um zwanzig Jahre überdauert, wurde in einem solchen Tempo geschrieben, dass ein Kopierer in dieser Zeit einige Mühe hätte, es zu transkribieren. Die drei letzten Kapitel wurden zwischen Sonnenuntergang und Sonnenaufgang geschrieben, inmitten der tragischsten Unterbrechungen, die das Schreiben einer Komödie jemals erlebt hat.

Mit dieser lebenslangen Angewohnheit, schnell zu arbeiten, dachte ich, dass alles, was ich brauchte, mein Thema vor mir sah und es mit ganzem Herzen anging, wie ich es bei einem neuen Roman getan hätte. Wenn man einen Roman schreibt, wünscht man sich einen lebendigen Ort und lebende Menschen; Wenn Sie diese zur Verfügung haben, ist Ihr Buch so gut wie fertig, wenn Sie es zur Hälfte durchgelesen haben. Aber ich werde nie vergessen, in was für einen Sumpf ich geriet, als ich begann, „Chums" nach diesem Prinzip zu schreiben. Seit ich denken kann, habe ich mich schon immer mit Schauspiel beschäftigt. Ich war einige Jahre als Theaterkritiker in der Provinz und in London tätig. Ich wusste genauso viel über die Anforderungen des Bühnenbaus wie der Durchschnittsmensch und stellte fest, dass das etwas weniger als nichts bedeutete. Schon die Arbeitsweise wirkte seltsam kahl und kahl. Mein Arbeitszimmer ist für mich seit Jahren wie ein Theater, in dem ich viele Partituren unterschiedlicher Rollen gespielt habe, oft genug vor einem Spiegel, um mich von der Natur zu überzeugen. Doch kaum begann ich, bewusst für die Bühne zu schreiben, als diese nützliche Fähigkeit mich völlig im Stich ließ. Ich sah mein lebendes Volk nicht mehr; aber an ihrer Stelle drängten sich mir die Mitglieder der Reisegesellschaft auf.

Meine Hauptdarstellerin war anstelle von Lucy Draycott vor mir . Sie war und ist eine hervorragende und charmante Schauspielerin; Aber sie spielte nur die Rolle von Lucy Draycott und stand auf eine Weise zwischen mir und meiner eigenen Vorstellung, die mich in kalte Verlegenheit brachte. Andererseits sollte Square Jack Furlong, ein rustikaler Schlingel, der, wie ich kühn gehofft hatte, einen ganz neuen Typ von Bühnenschurken abgeben sollte, von einem schweren Mann ganz konventioneller Art verkörpert werden – einem Mann, der (keine Schuld (für ihn) hatte keine Ahnung, mit welchem Akzent mein Schurke sprechen sollte (ein wichtiger Punkt für mich) und keine Vorstellung von der inneren Funktionsweise seines Geistes. Auf diese Weise verwandelten alle echten Menschen, die meinten, sie sollten meine Schatten in Fleisch und Blut interpretieren, mein Fleisch und Blut in Schatten. Verstehen Sie, dass ich mich nicht für ein schlechtes Spiel oder einen Misserfolg entschuldige. Es wurde weder das eine noch das andere gezählt, obwohl ich etwas anderes tun muss, um das Ziel zu erreichen, das ich suche. Ich versuche nur zu zeigen, in welcher Weise mir die neuen Bedingungen peinlich waren. Mein reisender Manager brach ihm fast das Herz, weil ich zunächst nicht zustimmte, dass mein Bösewicht den kleinen Harold erschießen würde, und schließlich befolgte ich in meiner Verzweiflung seinen Rat und tötete eine Idylle mit einem einzigen Körnchen Melodram.

Das Stück wurde irgendwie in der vorgeschriebenen Zeit geschrieben und „unter der direkten Aufsicht des Autors" produziert, wodurch es vielleicht so viel gewann, wie man hätte erwarten können. Es wurde in Auckland produziert und erzielte einen Erfolg, den es nicht in vollem Umfang wiederholen sollte. Es war bewundernswert und in einer Hinsicht originell inszeniert. Der zweite Akt wurde im neuseeländischen Busch aufgeführt: Und da die Leute in Auckland wissen, wie eine neuseeländische Buschszene aussieht, war es notwendig, ein wenig naturgetreuer zu sein, als wir es bei der Inszenierung des Stücks ohne weiteres für möglich gehalten hätten für eine einzige experimentelle Nacht im Globe oder als es später seinen zwölfmonatigen Kurs in den englischen und schottischen Provinzen durchführte.

Sir George Gray war an der Produktion interessiert; und in Auckland tut Sir George Gray so ziemlich, was er will, wozu er ein Recht hat, wenn man bedenkt, was die Stadt und tatsächlich die ganze Kolonie seinem Patriotismus, seiner Staatskunst und seiner persönlichen Großzügigkeit verdankt. Ohne seine Hilfe hätte der Vorschlag des Intendanten unmöglich umgesetzt werden können; aber mit seiner Autorität bewaffnet, stellte ich mich dem Kurator des Parks vor und erhielt von ihm genug Blätter, um die ganze Szene ohne die Hilfe der Kunst des Bühnenmalers auszugestalten. Wir hatten zwar einen Hintergrund und einen künstlichen Wasserfall (der übrigens die Keller überschwemmte), aber alles andere verdankten wir Sir George Gray und der reinen Natur. Der lebende Busch, die Wunden der Axt des Holzfällers, die von Haufen bunter Moose verdeckt wurden, blühten und raschelten im Rampenlicht, wie er wohl noch nie in der Geschichte des Theaters geblüht und raschelte, und die Bühne war knöcheltief verdorrt Blätter; Der Duft des Waldes tritt in gewisser Weise tatsächlich aus dem Rampenlicht.

Ich habe noch nie in meinem Leben ein auch nur annähernd so schönes Theaterstück gesehen; und diese eine Szene hatte großen Anteil am Erfolg des Stücks. Es wurde frenetisch applaudiert, und der Bühnenmaler ging voran und verneigte sich, als wäre er für die Schönheit verantwortlich gewesen. Ich hörte von einem sonnengebräunten Herrn im Kleiderkreis, neben dem ich saß, eine nützliche Kleinigkeit der Kritik. Als Mr. Stuart Willoughby mit seiner Beute auf der Schulter eintrat, flüsterte *mein* Nachbar etwas zu Nachbar , dass *dieser* Kerl in Otago nie gelernt hatte, seinen Bluey zu bumsen. „Ich wette meinen Kopf", fügte er hinzu, „der Kerl ist ein Australier." Und so war er. Der zukünftige Stuart Willoughbys wurden darin unterrichtet, und selbst der kritischste Neuseeländer hätte nichts an der Art und Weise auszusetzen haben können, in der Herr David James Junior seine Habseligkeiten im Otago-Buschland des Globe Theatre in London trug.

„Chums" kam in Neuseeland gut an und das kleine Stück wurde vielerorts freundlich aufgenommen. Ich hatte begonnen, ein weiteres Drama viel ernsterer Art zu schreiben, und arbeitete auch ziemlich fleißig an einer überarbeiteten Ausgabe meines ersten Werks, als uns ein schwerer Unfall widerfuhr. Mein Manager und ich reisten zusammen nach Dunedin (denn wir hatten einen klaren Plan für eine Partnerschaft ausgearbeitet und vereinbart, ein oder zwei Jahre mit der Vorbereitung eines Repertoires *von* Stücken zu verbringen, die bis dahin möglicherweise für die Lichter Londons geeignet sein könnten). *als wir dort ankamen), als uns ein Telegramm unterwegs an* einem Bahnhof fand . Darin wurde uns mitgeteilt, dass ein wichtiges Mitglied des Unternehmens ausgeschieden sei. Ich kenne jetzt die Geschichte seiner Abspaltung; Aber mit dem Gesetz der Verleumdung bin ich einigermaßen vertraut, und die Geschichte interessiert niemanden besonders.

Hardfeldt spielen. Die Stadt wurde in Rechnung gestellt, die Plätze waren gebucht; Es gab kein Zurück aus der Verlobung ohne Katastrophe. Dann hatte ich eine ganze Reihe Freunde in Dunedin, die kamen, um mein eigenes Stück zu sehen, und obendrein musste ich einen finanziellen Verlust hinnehmen. Persönlich empfand ich ein tiefes Gefühl der Enttäuschung; aber der Manager war verzweifelt. Es gab weder Liebe noch Geld, um den Platz des Widerspenstigen zu ersetzen — es steckte nur sehr wenig Kapital hinter der Sorge; und kurz gesagt, es sah so aus, als hätten wir ein Ende für unser Unternehmen gefunden. Dann kam mir der Gedanke: „Warum zum Teufel sollte ich nicht Baron Hardfeldt spielen ?"

Ich teilte meine Idee meinem Begleiter mit, der danach griff wie ein Ertrinkender nach einem Strohhalm. Wir haben uns gemeinsam beraten. Es war uns möglich, um Mitternacht mit dem Lernen zu beginnen, und wir vereinbarten eine Probe für den nächsten Tag. Ich hatte das Stück einmal gesehen, erinnerte mich an seinen allgemeinen Tenor und begann, ein Hardfeldt-Stück zu konstruieren . Einer meiner liebsten Freunde ist ein Zlüricher , und ich war mir seines Akzents sicher. Das war ein gewonnener Punkt, denn der schurkische Baron hätte genauso gut aus Zürich kommen können wie von irgendwo anders auf der Welt. Ohne den Anflug einer inneren Entschuldigung erinnerte ich mich an jeden Tonfall in der Stimme meines alten Freundes, an jeden Trick seines Gesichtsausdrucks und an jede noch so kleine Anspielung einer Schweizer Geste, die zu seiner unbeschwerten und warmherzigen Rede beitrug. Ich beschloss, Sir Charles Youngs bewundernswerten Schurken mit all den Tricks und Manieren meines lieben alten J—— G— auszuschenken; und ich hatte umso weniger Reue, als ich seine fröhliche und kindliche *Gutmütigkeit* nachahmte, weil unser Widerspenstiger es gewohnt war, den Baron gleich bei seinem Eintritt zu verraten und ihn von Anfang an als einen Raufbold der tiefsten Farbe abgestempelt hatte, während ich dagegen war zu glauben, dass ein wirklich erfolgreicher Abenteurer wahrscheinlich ein ehrliches und engagiertes Auftreten an den Tag legen würde.

Um Mitternacht begann ich zu lernen; und um drei Uhr morgens ging ich zu Bett, mit mir im Gepäck die Worte und das Geschäftliche der Rolle und ziemlich starke Kopfschmerzen. Wir haben um elf geprobt; und ich war „perfekt", wie Schauspieler sagen, und war immer genau auf der Bühne zu finden, auf der ich gesucht wurde. Ich habe mich immer eines verbalen Gedächtnisses rühmen können, das einer stählernen Rattenfalle glich. Es lässt nie etwas los, das es einmal ergriffen hat. Bisher ausgezeichnet. „Aber Linden sah noch einen anderen Anblick" in der Nacht. Ich kannte Plattformangst so gut wie jeder andere. Ich war dreimal körperlich krank, bevor ich vor einem fremden Publikum sprach, obwohl ich durch fast ein Vierteljahrhundert Übung abgehärtet war. In meiner Anhörung sagte John Bright einmal, er sei nie aufgestanden, um in der Öffentlichkeit zu sprechen, ohne ein Gefühl der Unsicherheit an den Knien und „das Gefühl eines wissenschaftlichen Vakuums hinter der Weste". Aber dieser erste Auftritt auf den Foren hat mich über alles hinausgebracht, was ich bisher erlebt hatte. Ich erinnerte mich an den Satz über das „wissenschaftliche Vakuum", der dem größten Redner Englands über den Mund gefallen war, und versuchte mich mit der Hoffnung zu trösten, dass ich nicht so abscheulich spielen würde, obwohl ich jede Zeile und jedes Wort vergessen hatte . Ich war in feigem

Schweiß gebadet, während ich in der Nähe der zentralen Türen des Bühnenraums stand, in den ich gleich wie ein Schaf zur Schlachtbank gehen sollte. Das Stichwort kam, und ich trat ein und drückte mechanisch einen Opernhut gegen meine Hemdbrust. Ich weiß, wenn das Publikum das Gesicht unter der Fettfarbe und dem Puder hätte sehen können, hätten sie etwas gesehen, das dem Gesicht einer Leiche sehr ähnlich war.

Zum Glück bin ich sehr kurzsichtig, und der Raum hinter dem gelben Schein der Rampenlichter war für mich nicht mehr als ein schwarzer und leerer Abgrund. Der Penman, mein elender, von Sünden erfüllter Verbündeter, nahm mich bei der Hand und stellte mich Mrs. Ralston herzlich vor. Bis er aufgehört hatte zu sprechen, hatte ich keine Ahnung, was ich zu sagen hatte; aber die Worte kamen irgendwie, und ich bildete mich fast ein, dass mein alter Freund J-- G-- sie gesprochen hatte.

Am Ende der einfachen Worte, die ich zu sagen hatte, gab es vereinzelten Applaus; denn einige meiner Freunde vorn hatten mich erkannt , was sie leicht erkennen könnten, da ich mein eigenes Haar und meinen eigenen Bart trug. Daran dachte ich nicht, aber ich wunderte mich vage darüber, dass ich schon so früh am Abend begonnen hatte, Eindruck zu machen. Ich konnte sehen, wie mein Atem wie Dampf in der Dunkelheit des Zuschauerraums aufstieg, denn es war kalt und schon so früh im Theater herrschte ein Hauch von Frost. Ich saß da und redete stumm mit Lady Dunscombe , wurde von Lord Drelincourt passenderweise brüskiert und fand mich schließlich allein mit meinem Verbündeten wieder. Ich wusste, dass die Szene vor mir eine der stärksten ihrer Klasse im gesamten Spektrum des modernen Dramas war. Ich wusste, so machtlos ich auch war, dass ich es spielen *konnte* – ich konnte das Gefühl der Macht spüren, das durch meine eigene Ohnmacht prickelte. Aber das erste Wesentliche war, die Worte zu kennen, und ich kannte nie ein Wort. Glücklicherweise war Jim der Schreiber ein alter Hase, hatte die Rolle etwa zwei- oder dreihundert Mal gespielt und kannte daher die meisten Zeilen des Barons.

Während wir unser dummes Gespräch mit Percival führten, hatte ich ihm gesagt, dass mein Kopf so leer sei wie eine zerplatzte Eierschale, und hatte ihn ziemlich eingeschüchtert, so dass er sich um mich kümmerte. Am Ende jeder seiner eigenen Reden flüsterte er mir vorsichtig die ersten Worte zu und begleitete mich mit größter Sorgfalt durch die ganze Szene. Ich werde nie den wohlmeinenden, schwachen Bösewicht vergessen, der von Reue und drohender Angst niedergeschlagen wird, und den herrschsüchtigen Baron, der ihn dabei tyrannisiert, wobei ihm der Leidende die Worte Stück für Stück beibringt.

„Und stimmen Hast du etwas zu beschämen ?' fragte der Baron und blieb stehen. „Ehefrau, die du schätzt", flüsterte der Angeklagte; und so vorbereitet fuhr der unerbittliche Baron fort, und als er bei „Frau, die Sie schätzen“ angelangt war, blieb er wieder hängen. „Kinder, die ihr verehrt“, flüsterte Jim, der Schreiber, und blickte mit trüben, leidenden Augen zu seinem Tyrannen auf.

„Und die Kinder, die du verehrst“, wiederholte der Baron in einem Ton, der seine unerbittliche Natur zum Ausdruck brachte. Endlich kam ein unerträglicher, schrecklicher Moment, in dem der hoffnungslose Jim nicht mehr dazu in der Lage war. Der Souffleur war auf seinem Posten, nahm jedoch keinerlei Notiz von der Szene. Er hatte die Probe miterlebt und nahm die Sache locker an. Es gab nichts anderes dafür. Ich ging zu ihm hinüber und bat ihn um die Zeile, nahm sie entgegen und sprach sie mit einer beißenden Verachtung aus, die meinen Verbündeten bis ins Mark erstickte. Zu diesem unwilligen Gang über die Bühne wurde ich anschließend von einem alten Hasen beglückwünscht, der bei meinem ersten Auftritt dabei war. Er erzählte mir, dass das Innehalten, der Gang, die Wendung und die empörte Verachtung, mit der die Worte gesprochen wurden, ihn sehr beeindruckt hätten und ihm versichert hätten, dass ich ein geborener Schauspieler sei. Aber zu diesem Zeitpunkt hatte ich den Mut zur Verzweiflung gefunden und alle meine Ängste hatten sich in Luft aufgelöst. Die Worte der folgenden Akte kamen mir sofort in den Sinn, und bevor der letzte Vorhang fiel, fühlte ich mich so wohl wie nie zuvor auf dem Rednerpodium.

XI

Unter den Schauspielern findet man einige der queersten Menschen der Welt. Die Männer der modernen Schule sind anderen Menschen sehr ähnlich; Aber die alten Hasen können immer noch einige von ihnen finden, die genauso komisch sind wie Mr. Vincent Crummies selbst. Sie sind wie die Hand des Färbers, die sich dem, was sie verarbeiten, unterwirft. Ich wurde viel in die Gesellschaft eines älteren jungen Herrn hineingeworfen, dessen Spezialität seit Jahren die Art hochfliegender Klapperkomödie war, deren Hauptdarsteller Charles Mathews war in meiner Jugendzeit. Er verfügte über die überzeugendste, freundlichste und Gentleman-Comedy-Manier, die man sich vorstellen kann, und blieb nie eine Minute vom Rampenlicht entfernt. Beim Frühstück, beim Mittagessen und beim Abendessen spielte er vor dem Publikum im Kaffeeraum des Hotels. Auf der Straße spielte er seinen Mitspaziergängern vor. Er spielte, und zwar hart, in der einfachsten privaten Unterhaltung. Er hatte nicht mehr moralisches Verantwortungsgefühl als ein Schmetterling. Er war ein ebenso bewundernswerter Bühnenlügner, oder beinahe, wie Mr. Hawtrey ; und abseits der Bühne war er ebenso frei von den Fesseln der Wahrhaftigkeit wie auf der Bühne . Er konnte in seiner eigenen Person ebenso geschickt versprechen, erklären, ausweichen wie in der Figur von Lord Oldacre oder Greythorne oder Hummingtop . Für ihn war die Welt buchstäblich eine Bühne, und alle Männer und Frauen waren nur Spieler. Das Alter wird ihn keine Traurigkeit lehren. Er wird alt sein spielen. Der Tod wird für ihn keine seiner üblichen Schrecken haben. Er wird Sterben spielen. Als ich das letzte Mal von ihm hörte , sagte man mir, er sei sehr, sehr arm; aber ich bin sicher, dass er wenig leidet. Er spielt damit, ein Vermögen zu machen oder eins verloren zu haben: Er rühmt sich einer visionären Pracht oder bemitleidet einen malerisch gebrochenen Adligen in seiner eigenen Person.

Mit der Hilfe dieses Herrn und seiner ausdrücklichen Erfindung erlebte ich das erstaunlichste Abenteuer meines Lebens. Er hatte sich das Recht gesichert, eines meiner Stücke durch die australasiatischen Kolonien und durch Indien aufzuführen. Natürlich waren mit der Angelegenheit bestimmte finanzielle Verpflichtungen verbunden, und da ich diese nicht beachtete, wagte ich mich mit der Bitte um eine Entschädigung ins Theater. Mein Komiker war nicht in der Lage, eine Entschädigung zu leisten, oder vielleicht hatte er auch keine Lust darauf . Er fand einen Ausweg aus der Schwierigkeit, der meiner Meinung nach nicht einem von einer Million Menschen in den Sinn gekommen wäre. Er entledigte sich seines Gläubigers, indem er ihn wegen Hausfriedensbruchs in Gewahrsam nahm; und ich wurde von der Polizei abgeführt und musste bis zur Verhandlung am nächsten Morgen gegen Kaution freigelassen werden. Der Richter teilte mir mit, dass ich einen Rechtsbehelf habe; aber mein Herr löste seine Kompanie auf und verschleppte ihn in eine benachbarte Kolonie. Damals war ich empört, obwohl das Geschäft mittlerweile ziemlich lächerlich ist, und ich habe eine Klage gegen ihn eingereicht, konnte diese aber nie zustellen. Als ich meine Kaution gefunden hatte (ein örtlicher Redakteur war so freundlich, sein Wort zu geben, um mich zu retten). von Durance), musste ich mich bei der Polizei melden. Dort war ein großer Polizist im Dienst, der die wesentlichen Formalitäten mit einem so ernsten Gesichtsausdruck erledigte, dass die Farce für einen Moment ganz real wirkte.

'Wie heißen Sie?' fragte der große Polizist.

Ich sagte es ihm und buchstabierte es für ihn.

„In deinem Alter?"

Ich habe diese Frage auch beantwortet.

„Welchen Beruf ausüben Sie?"

„Ich bin ein Literat."

'Was ist das?'

'Literat. Schreib es auf. „Mann-von-Schriftstellern",

„ Bist du gebildet?" Kannst du lesen und schreiben?'

Ich war leichtfertig genug, zu sagen, dass ich ein wenig lesen und schreiben könne, und der große Polizist stellte mich als unvollkommen gebildet ein. Dieser Rekord steht mir bis zum heutigen Tag entgegen.

Wir spielten überall in den wichtigsten Städten, und dann machten wir uns auf den Weg und richteten ein oder zwei Nachttische an Orten ein, die nur selten von einer Theatergruppe besucht wurden; und ich glaube, dass die in diesen kleinen Orten getätigten Geschäfte aus monetärer Sicht fast immer sehr zufriedenstellend waren. Einige der Dörfer, die wir besuchten – denn sie waren nichts weiter – lieferten vollere Häuser und erzielten höhere Gewinne, als wir es immer in den Hauptstädten fanden. Ich erinnere mich, dass wir einmal in einem Schulzimmer aus Wellblech gespielt haben, in dem es keine Spur von Kulisse gab. Wir haben „Chums" aufgelegt; und das Siedlerzimmer , die Waldszene und die Außenansicht des Otago-Gehöfts wurden jeweils mit Hilfe eines grünen Baumwollstoffs dargestellt, der hinten und auf beiden Seiten der Bühne hing, drei umgedrehte Petroleumdosen, drei Stühle, eine Wanne und ein kleiner länglicher Tisch aus Fichtenholz mit roten Beinen. Wir hatten eine Bühnenfläche von etwa vier mal drei Metern. Ich habe Square Jack Furlong gespielt; und im letzten Akt blieb mein Revolver stehen und explodierte ein oder zwei Sekunden zu spät, als er unglücklicherweise und versehentlich auf den Hinterkopf des

Hauptdarstellers zielte. Das Wachskügelchen, in dem sich das Pulver befand, traf ihn heftig auf der philoprogenitiven Beule, und er fluchte hörbar.

Ein Revolver ist auf der Bühne immer ein Ärgernis und für den Schauspieler, der ihn benutzen muss, ein Schrecken. Sie können die beste Waffe im Handel kaufen, Sie können Ihre Patronen mit größter Sorgfalt herstellen lassen; aber es besteht immer die Möglichkeit, dass das Feuer fehlt. Sie können natürlich einen Doppelgänger in den Startlöchern haben, aber selbst das ist keine Garantie. Ich habe meinen eigenen Revolver und die doppelte Müllpflicht im selben Moment kennengelernt und musste mich der stöhnenden Frage des Hauptdarstellers stellen , der scheinbar im Todeskampf hätte liegen sollen: „Was zum Teufel wird jetzt passieren?" Um die Sache besser zu machen: Als ich die nutzlose Waffe mit einem spontanen Fluch weggeworfen hatte und mich auf das tugendhafte Opfer stürzen wollte, gehorchte die Pistole in den Flügeln dem Druck des Fingers des Souffleurs, und der Anführer stürzte zu einem Schuss ab nirgendwo, zur großen Verwirrung des Publikums.

Ich bin wirklich geneigt zu glauben, dass die Illusion der Szene durch die aufwändigsten und realistischsten Arbeiten eines Bühnenmalers, Zimmermanns und Tapezierers kaum verbessert wird. Ich habe gesehen, wie das Haus über dieses düstere und hohle „East Lynne" in Tränen ertrank, als die Bühne mit grünem Filz umhüllt war und auf den Brettern kein einziges Stück ansehnlicher Möbel stand. „East Lynne" ist übrigens eines meiner Rätsel. Abgesehen davon, dass es mich ein- oder zweimal bis zur Verzweiflung ermüdet hat, hat es mich nie in irgendeiner Weise bewegt; und unzählige Tausende haben darüber geweint. In den Hintervierteln Neuseelands weinten die Menschen früher wie Gießkarren über das kitschige Pathos; Und als dieses schreckliche, schreckliche Kind, dessen Aufgabe es war zu sterben und das seine Aufgabe *nicht* erfüllen wollte, mit seiner Mutter über seine Mama sprach, wehten die Taschentücher überall herum, und ein Chor aus mitfühlendem Schnüffeln und Räuspern übertönte fast den ganzen Blödsinn von der Dialog. Eines Abends spielte ich „Lord Somebody" in dem Stück. Ich habe den Namen des Unwirklichen vergessen; aber man wird sich daran erinnern, dass er Isabel Geld brachte. Er erscheint nur in einer Szene und hat etwa zwanzig oder dreißig Zeilen zu sprechen; Aber er schafft es, sich weiter und öfter von der Natur zu entfernen als jeder andere Bühnenmensch, den ich praktisch kennengelernt habe. Nichts außer dem guten, altmodischen „Muh-Kuh"-Stil hätte zu ihm passen können. Ich glaube, ich kann mich einer einigermaßen guten Nachahmung dieser antiquierten Sprechmethode rühmen, und ich habe mit Sicherheit keine Mühen gescheut.

„Und du, Isabel, die Tochter eines Grafen! Wie bist du gefallen!'

Das ist eines der Juwelen der alten Humbug-Rede, und ich habe es so ausgesprochen, wie es dazu gemacht ist, in den Mund genommen zu werden. Das Haus nahm die Burleske mit absoluter Ernsthaftigkeit und Treu und Glauben auf – hauptsächlich, nehme ich an, weil es unmöglich war, die vulgäre Schimpftirade zu kitschig und inszeniert zu gestalten. Aber als ich ging und das Haus bereits in tosendem Applaus ertönte, wurde ich traurig. Im hinteren Teil der Bühne herrschte fürchterliche Zugluft, und eine der Damen war so darauf bedacht gewesen, die grünen Filzverkleidungen der Bühne so zusammenzustecken, dass kein Platz für einen Ausgang blieb; und ich war gezwungen, ein oder zwei Minuten lang nach einem Ausweg zu suchen, während der Applaus in lautes Gelächter überging.

Und die Erinnerung an diesen kleinen Vorfall hilft mir, über ein Detail der Schauspielerkunst nachzudenken, das wirksamer ist, wenn es richtig eingesetzt wird, und katastrophaler, wenn es vernachlässigt wird, als alle anderen der zahlreichen Dinge, die er wissen und im Auge behalten muss. Ein Ausstieg ist die halbe Miete der wichtigsten Szene, die jemals geschrieben wurde. Sie können wie ein Engel spielen, Sie können eine halbe Stunde lang die Bühne halten und Ihr Publikum begeistern; Aber schließlich können Sie Ihre größten Anstrengungen zunichte machen, indem Sie ungeschickt davonkommen. Ich schreibe natürlich für die Unwissenden. Der Schauspieler weiß diese Dinge und mehr, als ich ihm obendrein beibringen kann. Aber ich hatte aus eigener Erfahrung ein einzigartiges Beispiel dafür. Es kam früh und gab mir eine Lektion, die ich mir zu Herzen nehmen sollte. Ich habe noch nie vor einem freundlicheren Publikum gespielt. Es gab gute Berichte, und das Haus war bereit, und ich glaube, sogar begierig darauf, zufrieden zu sein. Ich hatte mich an dieses strahlende und glückliche Selbstvertrauen gewöhnt, das für einen Schauspieler in der Komödie die glückseligste Erfahrung darstellt.

Ich glaube, ich habe noch nie in meinem Leben so gut gespielt wie im ersten Akt von „Jim the Penman". aber die Bühne war riesig im Vergleich zu allen, auf denen ich bis dahin aufgetreten war, und mein übliches Geschäft brachte mich nur auf ein halbes Dutzend Schritte an die Tür heran, durch die ich hätte verschwinden sollen. Ein plötzliches Gefühl von Fremdheit und Zwang überkam mich wie eine Wolke. Das glückliche Gefühl der Zuversicht verschwand in einem Hauch kühler, spiritueller Brise. Die letzte Zeile wurde gesprochen, bevor dieses unglückliche halbe Dutzend Schritte erreicht war; und ich verließ die Bühne in toten Schweigen, das ebenso beredt vom Scheitern war, wie es eine kurze Minute zuvor vom Erfolg gewesen war. Am nächsten Abend spielte ich nur halb so gut, verschwand aber *souverän* , mit einer Wirkung, die so ermutigend war, wie der anspruchsvollste Künstler nur verlangen konnte. Es ist so schmerzhaft, einen neuen Beruf zu erlernen! „So viel zu lernen, so viel zu tun!"

Ich bin bereit, eine neue Theorie aufzustellen, und ich bin so unverschämt zu glauben, dass ich sie in meiner eigenen Person illustriere. Die Zeit des vollen Mittelalters ist die Zeit, in der sich ein Mann am ehesten an eine neue Kunst anpasst. Zu diesem Zeitpunkt ist es sicherlich notwendig, bestimmte körperliche Einschränkungen zu akzeptieren. Ich rate keinem bisher ungeübten Menschen, nach fünfundvierzig Jahren als Boden- und Hochtänzer nach Exzellenz zu streben. Kein vernünftiger Mensch, der diese respektable Höhe erreicht hat, wird versuchen, als Romeo zu *debütieren*. Aber angenommen, ein fünfzehnjähriger Junge und ein fünfundvierzigjähriger Mann beginnen am selben Tag, Landschaftsmalerei zu studieren, welcher der beiden wird Ihrer Meinung nach in fünf Jahren dem Geheimnis der Natur näher kommen? Persönlich werde ich – *coteris paribus* – den Mann mittleren Alters unterstützen. Oder wenn es um die Schauspielerei geht, wer könnte Ihnen (natürlich unter Berücksichtigung der körperlichen Einschränkungen auf beiden Seiten) das bessere Studium eines Teils der menschlichen Natur bieten – der reife Beobachter oder der ungeübte, rücksichtslose Jugendliche ? Ich unterstütze noch einmal den Mann mittleren Alters.

Meine freundlichen Kritiker der Londoner Presse erzählten mir, dass ein Mann mittleren Alters die Bühne betreten habe wie eine Ente ins Wasser. Es war ein bisschen freundlicher Unsinn. Ich hatte neun Monate lang wie ein Galeerensklave gearbeitet, und die neun Monate eines Mannes von Welt sind mehr wert als die neun Jahre eines Jungen. Und behaupte ich jetzt, Schauspieler zu sein? Nicht ein bisschen davon, mein freundlicher Kritiker – ganz ehrlich, nicht ein bisschen davon. Aber ich will es sein. Es gibt keine so schwierige Kunst – zugegeben; aber es gibt keines, das so bezaubernd und so inspirierend ist. Nacht für Nacht, eine ganze Woche lang, außer am Samstag, als die Natur spät Rache nahm, verließ ich ein Krankenzimmer in Newcastle-on-Tyne; und jeder Schmerz und Schmerz ließ nach, und die kranken Höhen verwandelten sich in einen gesunden Bariton, und männliche Kraft kam, um den stockenden Schritt des Kranken in Marschtakt zu bringen, und ein schwach unterbrochener Puls wurde durch den herrlichen, alles zwingenden Einfluss voller und ruhiger der Bühne. Wäre es jetzt ein kalter Vortrag oder eine Rede über Politik gewesen – und niemand liebt diese Art von Übung mehr als ich –, hätten der Sessel und der warme Kamin mich nicht umsonst erreicht und angestrahlt. Aber die Bühne? Das war eine ganz andere Sache. Es ist ein besseres Stimulans als die Gesellschaft alter Freunde. Es ist ein feineres Linderungsmittel als Tabak. Es ist ein schnellerer und beständigerer Muntermacher als Champagner. Höchste Pflicht und reinstes Vergnügen vereinen sich in einem lächelnden Gesicht. Und wenn ich bedenke, dass ich weit über vierzig war, bevor ich diese großartige Wahrheit erriet!

Aber die Natur ist in allem ausgleichend, und ihr Gleichgewicht funktioniert in diesem zugänglichen Märchenland wie anderswo. Die Bühne ist die natürliche Heimat kleinlicher *Contretemps* . Wenn ein Mann es gewagt hat, in einer Stadt wie London in einem Stück seiner eigenen Schrift mitzuspielen, wäre es absurd, Bescheidenheit oder den Mangel an Glauben an seine eigene Fähigkeit zu gefallen an den Tag zu legen. Wenn ein Mann unter solchen Bedingungen keinen solchen Glauben hätte, wäre er ein Arsch, den die Satire nicht erreichen kann. Was sonst als der Glaube an sich selbst sollte ihn dorthin bringen? 'Que tödlich faisait -il dans *cette* galère ?' Doch der mutige Amateur, der sich einmischt, ist sich einer Ähnlichkeit in sich selbst mit den Dämonen bewusst, die in der Heiligen Schrift erwähnt werden. Er glaubt (an sich selbst), aber er zittert.

Der Abend der vorläufigen Aufführung von „Ned's Chum" im Globe Theatre war der hellste Abend meines irdischen Kalenders. Doch während ich auf mein erstes Stichwort wartete, erfasste mich eine unwiderstehliche, schreckliche, kalte Übelkeit, und ich musste in meine Umkleidekabine zurückfliegen und auf dem Trockenen alle Qualen von Mal de Mer *ertragen* . Der warnende Schrei des Callboys tötete einen heftigen Kummer nach dem anderen, und der Unglückliche, der noch vor einer Minute vor Angst körperlich krank gewesen war, war unter Beschuss kühl wie eine Gurke. Doch bevor das Stück zu Ende war, folgte noch ein weiterer Moment der Heldenprüfung. Ich behalte gewissenhaft die Notizen von jener ersten Nacht und habe mehr als einmal darüber gelacht, wie sanft Mr. William Archer mich in den Kolumnen der *Welt* niedergeschlagen hat . Mein Kritiker beschwerte sich ganz sanft, dass ich irgendwann mit offensichtlicher Anstrengung die Bühne betrat, als ob ich entschlossen wäre zu zeigen, dass sich ein Mann angesichts der plötzlichen Nachricht von einem irreparablen Ruin so und so verhalten sollte. „Ich kann nicht genau sagen", sagte Mr. Archer im Grunde, „warum es kein bewundernswertes Schauspiel war, und das war es doch nicht." „Wenn er es hätte sagen können", fuhr er fort, „hätte er selbst ein ausgezeichneter Schauspieler und kein Kritiker sein können." Aber er wollte etwas – etwas fehlte.

Die traurige Tatsache war diese. Ich hatte in dieser Rolle bis zu diesem Abend noch nie eine Perücke getragen und hatte für einen Moment vergessen, dass ich damals eine trug. Es gehörte zum Bühnengeschäft, meinen hellwachen Hut zu Boden zu werfen, und – die Perücke gehörte dazu. Zwei oder drei schreckliche Sekunden lang stand ich wie erstarrt da und wartete auf das heulende Gelächter, das normalerweise auf einen solchen Unfall folgt. Aber das Schicksal war gnädig und die Sache blieb bis auf zwei oder drei unbemerkt. Mein natürliches Haar hatte weitgehend die Länge und Farbe der Perücke, und in meinen Ohren ertönte kein spöttisches Gebrüll. Aber ich werde den Schrecken dieser wenigen Sekunden des Wartens nie vergessen; und ich möchte Herrn Archer fragen, inwieweit ein solcher Vorfall seiner Meinung nach die vorübergehende Abwesenheit eines Schauspielers von der reinen Natur entschuldigen könnte.

Einmal wurde ich von einem durch die Explosion einer Granate hochgeschleuderten Stück halbdurchnässten Rasens ins Auge getroffen und hatte Zeit, mich für einen toten Mann zu halten, bevor mir klar wurde, was passiert war . Einmal drohte Seine Exzellenz Ibrahim Pascha, mich sofort aufzuhängen; und ich glaubte, dass er es vorhatte. Ich war im Laufe meiner Zeit schon in vielen schwierigen Situationen; Aber meine inneren Kräfte wurden nie gründlicher zerrissen als durch die Episode mit der verlorenen Perücke auf der Bühne des Globe Theatre.

XII

Ich nehme an, das Geständnis, das ich jetzt ablegen werde, wird mich in den Köpfen vieler Menschen als unwiderruflichen Barbaren einprägen. Das interessiert mich jedoch wenig und ich bleibe standhaft bei den Meinungen, die ich mein ganzes Leben lang vertreten habe. Vielleicht findet meine Stimme hier und da ein Echo.

Ich bin ein Liebhaber der edlen Kunst der Selbstverteidigung, und meiner Meinung nach haben diejenigen, die für unser Wohlergehen Gesetze erlassen, nur wenige größere Fehler begangen als die moralischen Menschen, die den Preisring abgeschafft haben. Es sollte sofort zugegeben werden, dass der Ring zu der Zeit, als ihm ein Ende gesetzt wurde, voller Missbräuche war; Aber es war nicht mehr zu reparieren, und eine deutliche Verschlechterung des Charakters unseres Volkes ist spürbar, seit der Ringsport aufgehört hat, eine Quelle der Volksbelustigung zu sein. Britisches Fairplay war ein Sprichwort unter den härtesten. Die Spielregeln wurden selbst in einem Straßenkampf anerkannt, und der Mann, der sie brach, wurde wahrscheinlich grob behandelt.

Es spielt keine Rolle, dass der Sinn für Ehre grob und grob war. Es war da, und alle Tyrannen und Schurken waren gezwungen, sich daran zu halten. Solange es Mode war, mit Fäusten zu kämpfen, war der Einsatz des Messers, des Knüppels und des Ziegelschlägers weitaus seltener als heute. Man konnte der unwissendsten Menschenmenge anvertrauen, eine Gruppe von Kombattanten zu überwachen. Ein Stand-up-Kampf mit den Waffen der Natur schadet nicht. Männer *werden* kämpfen, und wir Engländer hatten von allen Völkern der Welt die am wenigsten schädliche Art zu kämpfen. Kein Mensch konnte mit seinen Händen jemals viel erreichen, wenn er im Leben nicht keusch und gemäßigt war. Exzellenz in diesem Streben führte zum Wachstum aller eher maskulinen Tugenden.

An einige der alten Helden habe ich die besten Erinnerungen. Der allererste Mann, der mir mit einem Paar Boxhandschuhen weiterhalf, war der mächtige „Slasher" – der Tipton Slasher, William Perry, der in den Tagen meines Alters das Wirtshaus „Champion of England" in meiner Heimatgemeinde West betrieb Bromwich, in South Staffordshire. Er war es, der meine jugendlichen Hände trainierte, meinen jugendlichen Kopf zu schützen; und ich habe einen törichten, dummen Stolz und eine Freude in der Erinnerung an diese Tatsache. Der Worcester- und Birmingham-Kanal trennt die Gemeinden Smethwick und West Bromwich, und das Haus des Slashers war das letzte auf der rechten Seite – ein schäbiger, heruntergekommener Ort genug, Außen rauchverkrustet und innen bösartig, aber dennoch ein Tempel der Pracht für die junge Fantasie. Dort wohnte der

Champion Englands – der Unbesiegte, der unbestrittene Häuptling des kämpfenden Clans. Er regierte dort jahrelang, und niemand wagte es, ihm Angst einzujagen.

Ich wurde immer wieder heftig ausgepeitscht, weil ich ihn besuchte. Ich wurde wegen des gleichen Vergehens auf Brot und Wasser gesetzt und in Einzelhaft gehalten , aber der Mann hatte etwas Zauberhaftes für mich und zog mich mit der Anziehungskraft eines Magneten an. Ich kann ihn jetzt fast so deutlich sehen, als ob er vor mir stünde. Er war ein Herkules von einem Mann, mit enormen Schultern, und seine rauen, ehrlichen mittelenglischen Gesichtszüge wirkten irgendwie mürrisch. Ohne eine seltsame Missbildung hätte er die Statur eines Riesen gehabt; aber er hatte schreckliche X-Beine, und sein Geschlurf beim Gehen war bis zur Grenze des Grotesken peinlich. Sie müssen nur den Buchstaben V umdrehen, um ein Bild der Beine des Slashers vom Fuß bis zum Knie zu erhalten. Seine Füße waren einander fremd; aber seine Knie waren unzertrennliche Freunde und umarmten einander in ewiger Intimität. Im Kampf wartete er immer auf seinen Mann, gestützt in dieser umgekehrten V-Manier, und irgendwie erlangte er in dieser seltsamen und ungeschickten Haltung einen so festen Stand, dass er in all seiner Erfahrung mit dem Ring nie einen niederschlagenden Schlag erhielt, bis er Er begegnete Tom Sayers in diesem letzten melancholischen Kampf, der ihn die Meisterschaft und das gemütliche kleine Anwesen im Gasthaus des Champion of England, seine Freunde, seinen Ruf und alles, was er auf der Welt hatte, kostete.

Eine der schlimmsten Prügel, die ich je in meinem Leben bekommen habe, habe ich mir dadurch verdient, dass ich die Schule geschwänzt habe, um dem Slasher zu einem elenden kleinen Renntreffen zu folgen, das an einem Ort namens The Roughs am Rande der Birmingham Road in der Gemeinde stattfand von Hands-worth. Mein Held war dort in Herrlichkeit, gefolgt von unzähligen Tag-Rag und Bobtail, und ich fürchte, dass er zumindest bei zwei Gelegenheiten versucht war, zu prahlen und „anzugeben", wie Kinder sagen. Er schlurfte zu einer der Kraftmaschinen: der Figur eines Zirkusclowns, mit einem Schlagpuffer in der Nähe seiner Taille und einer Skala auf der Brust, die das Gewicht des ausgeführten Schlags anzeigte. Der Slasher warf dem Besitzer des Automaten einen Penny zu und winkte ihn zur Seite; aber der Mann stand vor dem Gerät und flehte ihn kläglich an, nicht zuzuschlagen.

„Sie nicht, Mr. Perry", sagte er demütig; „Oh, nicht Sie, Mr. Perry."

Der Slasher sagte mit einer Handbewegung: „Weg, kleiner Mann": „ Gerrout !" und der Kerl gehorchte, da er sah, dass es nichts anderes gab. Herkules spuckte auf seine Hand, ballte die Faust und schlug zu. Der Absturz zerstörte die gesamte Maschine, der Holzständer zersplitterte und die

Eisenstützen verbogen sich und wurden unbrauchbar. Der Zerstörer rollte jubelnd weiter; Aber die Menge machte ein Abonnement, und der Besitzer der Maschine verstaute zufrieden sein beschädigtes Eigentum.

Mr. Morris Roberts war ein Gentleman, der damals in der Gegend berühmt war – ich schreibe von vor fünfunddreißig Jahren – und Mr. Morris Roberts hatte vor Ort eine Boxkabine. Vor der Kabine hatte er eine kleine Plattform, von der aus er unter Gongschlag eine Ansprache an die versammelte Gemeinde richtete.

„Gehen Sie hinauf, meine Herren; Gehen Sie hinauf und sehen Sie sich die edle Kunst der Selbstverteidigung an Von Engländern praktiziert , nicht wie der feige Franzose oder Italiener, der Stöcke, Messer, Stempel und andere Schusswaffen verwendet, sondern die Waffen von der Natur bereitgestellt . Ich habe einen Nigger drinnen, der zu keinem Mann Nein sagt. Auch George Gough, as hat in den letzten zwei Jahren fünfzehn Knöchelkämpfe bestritten und sie alle gewonnen, einen Mann weniger, den nächsten vorne. Wenn es hier einen Sportler gibt, der ihn angreifen möchte , gibt es eine halbe Krone und ein Glas Sperrits für den Mann, der fünf Minuten vor George Gough steht, egal woher er kommt.

Der Slasher stand in voller Pracht seines bösen Humors unten, und als die Rede zu Ende war , warf er seinen alten Seidenhut auf die Bühne. Mr. Morris Roberts schrie gerade, dass Twopence es geschafft habe – ein erstklassiges Beispiel der edlen Kunst sei für Twopence zu sehen –, als ihn diese unerwartete Aktion mitten im Strom erstarrte.

„Kommen Sie, kommen Sie, Mr. Perry", sagte er, als er sich ein wenig erholt hatte, „Sie können nicht erwarten, dass George erneut zum Champion von ganz England aufsteht." Das ist nicht nachvollziehbar, das stimmt nicht. Nun, nicht wahr, Mr. Perry?'

Der Slasher lächelte. „In Ordnung, gib mir eine halbe Krone und das Glas Sperrits da ."

„Das ist nicht Ihr Ernst, Mr. Perry", sagte Mr. Morris Roberts.

„Nicht wahr?" schrie der Schlitzer.

Eine plötzliche Eingebung erleuchtete Mr. Morris' Gedanken. „In Ordnung, kommen Sie herauf, Mr. Perry. Sixpence – Sixpence – Sixpence macht es!'

Kaum war bekannt, dass der Champion wirklich geschäftlich entschlossen war, wurde der Eingang zum Stand belagert. Ich wurde atemlos getragen , der ganze Wind wurde durch den Druck der Menge aus meinem kleinen Körper gepresst, und pfiffig flogen die Sixpence, die einzige Münze, die mich bei den Ausgaben des Tages unterstützen sollte. Es stellte sich heraus, dass

Mr. Gough gegenüber dem Slasher unverschämt gewesen war, und der beleidigte Würdenträger schlug ihn, wie ich dachte, etwas unbarmherzig. Am Ende der ersten Runde sagte der Mann am Stand – zweifellos wahrheitsgetreu –, dass er genug davon hatte und die Unterhaltung ein vorzeitiges Ende fand.

Das war das letzte Mal, dass ich den Slasher seit Jahren gesehen habe. Er war damals der Blick aller Augen und der aufmerksame Blick aller Beobachter. Aber es gibt keinen Wolf, der so stark ist, dass er nicht einen anderen finden könnte, der aus ihm Wolfsfleisch macht; und Tom Sayers, der seinen ersten Kampf – so erzählt es die Überlieferung – am Kanalufer nur eine Meile vom Wirtshaus des Slasher entfernt ausgetragen hatte, sandte seine Herausforderung ein, und die Fahnen des armen alten Tipton wurden ein für alle Mal gesenkt . Er verpfändete die Anteile und den Firmenwert des Hauses und zahlte jeden Cent, den er wert war, auf sich selbst, und wurde geschlagen. Er war grau und überfett, und seine Tage als Kämpfer waren vorbei. Ich vergesse jetzt, wie viele Jahre er den Meisterschaftsgürtel innehatte, aber er hätte sich auf jeden Fall auf seinen Lorbeeren ausruhen sollen.

Er lag im Sterben, als ich ihn wiedersah, und seine riesige Brust und seine Schultern waren eingeschrumpft und gebeugt, so dass man sich fragte, wohin das eigentliche Gerüst des riesigen Mannes gefallen war. Er wurde verachtet und vergessen und allein gelassen, und er saß mit einem völlig niedergeschlagenen und herzlosen Gesichtsausdruck auf der Seite seines Bettes. In seinen besseren Tagen hatte ihm das gefallen, was er „einen Streifen aus weißem Satin" nannte, was der poetische Ausdruck für ein Glas Old Tom Gin war. Als Friedensopfer hatte ich eine Flasche dieses Schnapses und ein Viertelpfund Vogelaugenwasser bei mir. Er kannte mich nicht, und in seinem Blick lag keine Spekulation; aber nach einem Drink wurde seine Stimmung heller. Als ich den Raum betrat , in dem er saß, drehte er mit müdem, lustlosem Daumen und Finger einen leeren Ton, und der Tabak war willkommen.

„ Vielleicht hätten sie mich gehen lassen", sagte er mir, als sein Verstand klar wurde, „ich hatte den Gürtel siebzehn Jahre lang gehalten" (ich glaube, er sagte siebzehn, aber „ Fistiana " ist nicht zur Hand, und Ich kann nur eine Vermutung anstellen, wenn ich mich erinnere.) „ Vielleicht hätten sie mich in Ruhe lassen sollen ." Turn ist ein guter Freund. Ich habe sie alle gesündigt , und ich habe noch nie besser gesündigt. Aber er war es schuldig, mich in Ruhe gelassen zu haben. Es war kein Verdienst , als Mann zu meinem Lebenszeitpunkt zu gelten . Trotzdem dachte ich, ich hätte ihn verprügeln sollen. Das hätte ich auch getan, wenn ich es geschafft hätte; aber er floh hierhin und er floh dorthin, und er war um mich herum wie ein Böttcher, der um ein Fass geht . Und ich war wütend genug, um die Beherrschung zu verlieren, und die Menge begann zu lachen und mich zu verspotten , und ich rannte hinter ihm her, und mein Wind drehte sich, und wo war ich dann? Er hat mich niedergeschlagen – ganz schön, dass er es geschafft hat. Das einzige Mal, dass es mir passiert ist . Ich habe alles , was ich von diesem Kampf hatte, in ein „Hier bin ich" gesteckt.

Diejenigen, denen diese Dinge am Herzen liegen, werden in Erinnerung bleiben, dass Tom Sayers und der Benicia Boy, sein verstorbener Gegner, sich nach der letzten großen Schlacht, die die Faustgeschichte Englands ruhmreich abschloss, den Herren Howes und Cushing anschlossen , damals Besitzer eines Zirkus, reisten durch das Land und lieferten sich jeden Abend freundschaftliche Kämpfe. Mein Vater, der natürlicherweise ungefähr so viel Sympathie für den Preisring hatte wie für die Gräueltaten des Königs von Dahomey, war dennoch voller Bewunderung für den Helden von Farnborough und musste ihn unbedingt besuchen. Er überraschte jeden, der ihn kannte, indem er seinen silbernen Kopf und seinen Backenbart in der Bar des Hotels zeigte, in dem Mr. Sayers für die Nacht untergebracht war. Ich nehme an, dass die Gläubigen an Toms Schrein in der Regel einer anderen Art angehörten; aber er war offensichtlich und sehr beeindruckt vom Interesse des alten Herrn an seiner Karriere. Er erzählte eine Geschichte, an die ich mich in den Hauptzügen so gut erinnere, als hätte ich sie gestern gehört, auch wenn ich mir vergeblich den Kopf zerbreche, um die Namen der beiden darin betroffenen Personen zu finden.

„Ich nehme an, Sir", sagte Tom, „weil Sie noch nie gehört haben, warum ich zum Kämpfen gekommen bin" – lassen Sie mich ihn Jones nennen.

Nein, mein Vater hatte es nie gehört.

„Nun, es war so. Lord – kommt ein oder zwei Wochen vor dem Derby zu mir und „Tom", sagt er, „ich habe eine Idee. „Du und ich", sagt er, „wir gehen zusammen zum Derby", sagt er. „Ich habe ein Paar schneeweiße Mopeds ", sagt er, „und ich habe mir eine flache Coster-Tasche gekauft . „Ich lasse es weiß streichen und mit Gold ausstatten", sagt er, „und es wird mit weißem Satin gepolstert. Nun, Sie und ich, Tom", sagt Seine Lordschaft , „ Sie und ich werden in weißen Schuhen, weißen Kickseys , weißen Westcuts , weißen Hüten, weißen Kitteln, weißen Krawatten und weißen Handschuhen aufstehen ", sagt er. „Wir werden ein normales Paar blühender Lilien hinuntergehen !" Nun, das haben wir getan, und es wurde vereinbart, dass es das beste Ergebnis des Tages war. Wir waren Ich gehe in den Ring, als Jones auftaucht, und ohne deine Erlaubnis oder mit deiner Erlaubnis schlägt er mir auf die Nase. Nun, ich war so weich und außer Form, dass der Clarrit mich in kürzester Zeit überrollte. Ich wollte Jones sofort angreifen; Aber Seine Lordschaft hält mich auf und sagt: „Tom", sagt er, „du sollst gegen ihn kämpfen", sagt er, „um zweihundert Pfund ." Das habe ich getan, und Sie können es glauben, denn ich habe ihn dafür bezahlt.'

Wir waren von dieser Erzählung sehr beeindruckt und ich fand das regelmäßige Paar blühender Lilien immer köstlich. Ich erzählte Tom, dass ich den armen alten Slasher gekannt hatte, und er sprach mit respektvollem Mitgefühl von ihm.

„Er war der richtige Typ, der Tipton, und es tat mir leid, ihn zu Fall zu bringen." Vielleicht kommt eines Tages jemand und senkt meine Farben . „Heute bin ich an der Reihe und morgen ist jemand anderes dran."

Ich ärgere mich nicht mehr über die Schatten. Ihre Form der Tapferkeit ist bei uns nicht mehr bekannt; aber es gibt einige, die es bereuen. Ich finde darin Pathetik und urigen Humor in meiner Erinnerung.

Das Ende